ちくま学芸文庫

日本の哲学をよむ

「無」の思想の系譜

田中久文

筑摩書房

目次

第三章　和辻哲郎――「間柄」の底にある「空」の運動　143

日本の哲学をよむ——「無」の思想の系譜

＊本書における原典からの引用は、一部新字新かなに改め、また一部漢字をひらがなに改めてある。

序章

はたして、日本に独自の哲学など存在したのであろうか。よく耳にする疑問である。しかし、この問いに答えるためには、そもそも「哲学」とは何かということを考えてみなければならない。

「哲学」という日本語は、明治に西周（にしあまね）によって「フィロソフィア」の訳語として作られたものである。「フィロソフィア」とは、いうまでもなく「知恵（ソフィア）」を「愛する（フィロ）」ということである。それは出来合いの概念によって世界を説明するのではなく、そうしたものを絶えず批判し、どこまでもより深い知恵を求めていこうとする無限の運動を意味しているといえよう。

こうした「フィロソフィア」に対して、当初、西は「希哲学」という訳語をあてた。それは「賢哲の智をコヒネガフ学」という意味である。つまり「フィロ（愛する）」を「希う」、「ソフィア（知恵）」を「哲」と置きかえたのである。しかし、西はなぜかのちに「希」の字を落して「哲学」という訳語を用いるようになった。知を求める無限の運動を意味する「フィロ」＝「希」が抜け落ちたことは、西洋の哲学をすでに出来上がった思想体系としてとらえ、それを学ぶことが哲学であるという誤解を招きかねない。事実、日本の近代の哲学者の多くは、西洋の哲学の翻訳・紹介に明け暮れてきたともいえよう。そうしたことが、多くの日本人に冒頭のような疑問をもたせてきたのである。

ただし、そうした疑問の裏側には、少なくとも本場の西洋においては、本当の意味での「哲学」が長く行われてきたに違いないという前提が潜んでいるはずである。ところが現代になって、そもそも西洋において本当の意味での「哲学」が存在したのかという疑問が、当の西洋の人々から起こってきたのである。そうした疑問は、ニーチェあたりから自覚的に始まり、ハイデッガーなどに受け継がれ、さらにフーコー、ドゥルーズ、デリダなどによって深められていった。

彼らは、西洋の伝統的な哲学が、知の無限の運動といったものでは決してなく、むしろさまざまなイデオロギーを前提としたものであったことを指摘し、批判している。たしかに西洋の伝統的な哲学においては、世界を超えたところに存在して、しかも世界を根拠づけるものとして、さまざまな形而上学的原理が想定されてきた。古代ギリシア哲学では「イデア」、中世哲学では「神」、近代哲学では「理性」といったものがそれである。その意味で西洋の伝統的な哲学とは、単なる知の西洋的な形態でしかないともいえよう。

もし、本当の「哲学」というものがあるとするならば、それはこのように世界を何らかの原理によって説明しようとする試みを、絶えず批判し続けるものでなければならないはずである。しかし根深い思想的伝統から自由になるということは、西洋では実際にはそれほど簡単なことではなかろう。そう考えたとき、非常に逆説的ないい方になるが、哲学の本場から遠く離れた日本で「哲学」することには、ある種の利点があるといってよいのではなかろうか。日本にはもともと、ギリシア哲学やキリスト教神学といった伝統がない。そのため逆に、西洋の哲学者たちが無意識のうちに前提としているものを容易に探りだして批判し、より自由な立場から思索を展開することも可能であろう。

しかし現実には先に述べたように、日本の多くの哲学者は西洋の伝統的な哲学を学ぶことに終始してきた。たとえば明治に、中江兆民は「わが日本、古より今に至るまで哲学なし」(『一年有半』)と断定している。もちろん兆民は、日本でも過去に仏教や儒教において優れた思想家が存在したことは認めている。しかし、それらは特定の教典の権威を前提として、そこに新たな解釈をほどこしたものに過ぎないという。また近代になって、西洋の哲学そのものが入ってきたが、当時の代表的哲学者である加藤弘之や井上哲次郎の哲学は、「己れが学習せし所の泰西(たいせい)〔西洋〕某々の論説をそのままに輸入」したものでしかないというのである。

しかし、そうしたなかにあって日本でも、本当の意味での「哲学」をめざそうとした哲学者はいたように思われる。その先駆者が西田幾多郎ではなかったろうか。西田は兆民が先のような言葉をはいてから十年ほどのち、『善の研究』を刊行する。当時この書は、「明治以後邦人のものした最初の又唯一の哲学書」(高橋里見)と評された。そこには、日本で最初の「哲学」の試みがあったといえよう。

西田は特に昭和に入ると、西洋哲学からの影響関係を本格的に脱し、まったく独創的な「無」の哲学というものを作り上げていった。彼は西洋の伝統的な哲学が前提としているさまざまな形而上学的原理を「有」という概念でくくり、それらを徹底的に批判するかたちで「無」の哲学を展開していく。その意味で、西田の「無」の哲学は、既成のイデオロギーに頼ることなく、無限に知を求めていくという、本来の「哲学」の意を十分に汲み取ったものといえよう。それは、まさに西洋哲学の伝統から距離を置かざるをえない日本人の宿命が、逆に思索の自由さとなって結実したものといえよう。

ただし、西田の哲学には不徹底な側面もあった。それは彼の説く「無」が、無限の否定の働きとして充分に機能することなく、常に何か実体的なものとみなされてしまう危険性をもっていたという点である。つまり、すべての形而上学的原理を否定するために登場したはずの「無」それ自体が、結局は再び新たな形而上学的原理となってしまったといえないこともないのである。もちろん西田自身も、そうした問題点があることは自覚しており、「無」を何らかの実体としてではなく、動的な機能としてとらえようと努めてはいるが、そうした難点は最後まで残ったように思われる。

西田の残したこうした問題点は、彼の影響を受けた次の世代の哲学者たちによってさまざまな形で克服されていった。その代表者が田辺元、和辻哲郎、九鬼周造、三木清である。彼らは西田の「無」の哲学を、すべての形而上学的原理を否定する批判の哲学として徹底していくことになる。

たとえば、田辺元は次のようにのべている。

「それは相対的有限的なるものの存在するという意味において存在することなくして、しかもかかる存在の動的発展において常にその根柢として自覚せられるものでなければならぬ。これを無にして有の根柢たる絶対無といい、有無を超える両者相入の真空というのである。」(『ヘーゲル哲学と弁証法』)

田辺は西田と同様に、「絶対無」という概念を用いるが、それは一挙に対象的にとらえられるようなものでは決してなく、存在の絶えざる「動的発展」の根底において、そのつど微かに自覚されるものでしかないのである。
また、和辻哲郎は次のように述べている。

「ところで人間存在が根源的に否定の運動であるということは、人間存在の根源が否定そのもの、すなわち絶対的否定性であることにほかならない。個人も全体もその真相においては「空」であり、そうしてその空が絶対的全体性なのである。」(『倫理学』)

和辻は、人間存在とは個人性においても全体性(社会性)においても「否定の運動」にほかならないと考え、それを「空」と名づけた。そこから彼は、いかなるレベルの個人性にも全体性にも停滞してはならないと説いた。
一方、九鬼周造は人間というものが「偶然性」に貫かれた存在であると考えた。

「偶然は無概念的である。無関連的である。無法則、無秩序、無頓着、無関心である。偶然には目的が無い。意図が無い。ゆかりが無い。偶然は当てにならない。」(『偶然性の問題』)

九鬼によれば、「偶然性」の本質とはまさに「無」そのものなのである。その上で彼は、「無」としての「偶然性」に対して常に身を開いた生き方を説いた。

さらに、三木清は次のように述べている。

「どんな方法でもよい、自己を集中しようとすればするほど、私は自己が何かの上に浮いているように感じる。いったい何の上にであろうか。虚無の上にというのほかない。自己は虚無の中の一つの点である。」(『人生論ノート』)

三木は人間の根源が、まさに「虚無」であると説く。そして、そうであるからこそ、人間はその「虚無」の上にどのような意味を作り上げていくことができるかという「虚無からの形成」が彼の哲学の課題となっていった。

こうして田辺、和辻、九鬼、三木らは、西田の「無」の哲学を否定・批判の哲学として徹底させていった。したがって当然のことながら、彼らの哲学にはあらゆる原理を喪失したニヒリズムの気配が忍び寄ってくる。しかし、いうまでもなくそれは消極的なニヒリズムではない。彼らにあって「無」は、自由や創造の根拠であり、さらに場合によっては宗教性の源泉でさえあった。

こうした「無」の哲学が日本で形成されていったのは、昭和に入って、特に一九三〇年代になってからである。では、なぜこの時期に、日本においてそうした本来の意味での「哲学」への志向が起こってきたのであろうか。

いうまでもなくこの時期、世界恐慌を機に資本主義の根本的危機が訪れ、一九世紀以来のさまざまな近代的システムが崩れていった。それにともなって西洋では、近代的精神そのものへの深い反省が起こりつつあった。そうしたなかで日本人もまた、明治以来の西洋追随が許されなくなり、さまざまな分野において独自の原理を見出していく必要性が生まれてきたのである。しかし、当時日本では都市化が進み、前近代以来の伝統社会が急激に崩壊に向かっていた。だからといって、もちろん成熟した近代社会が根づいていたわけではない。そうした真空状態のなかで、新たな原理など見出せようもなかった。

しかし、そうした状況を逆手にとったのが、先にあげた哲学者たちだったのではなかろうか。彼らは当時の思想的原理の「不在」にむしろ正面から立ち向かい、それを「無」の哲学として引き受けたのである。それはまさに、哲学の「不在」と紙一重の危険な離れ業であった。しかし、いわば窮余の一策として生まれたこの「無」の哲学は、意外にもすべての既存の価値を批判し、自由な思索を展開していく可能性を、少なくとも理論的には充分にもったものであった。

ただし、田辺にしても和辻にしても九鬼にしても三木にしても、そうした可能性を十二分に開花させたわけでは必ずしもない。彼らはややもすると一方で、古い思想的原理にすがろうともしている。いうまでもなく一九三〇年代は、日本が模索の果てに、結局はファシズムへの道を転がり落ちていった時代でもあった。そのなかで彼らの「無」の哲学も、結果として奇妙な形で偏狭なナショナリズムと結合していった面があったことは否定できない。そのように考えると、彼らの「無」の哲学は、それが秘めている本来の可能性をいまだに完全には解き放ってはいないといえるのではなかろうか。

この書では、以上のような観点に立って、西田、田辺、和辻、九鬼、三木の五人を取り上げ、その「無」の哲学の意味を解き明かしていきたい。そしてその際、彼らがみずから閉ざしてしまった、その哲学の大いなる可能性についても想像をめぐらせていくことにしよう。

第一章 西田幾多郎
――「無」の哲学の創成

NISHIDA Kitaro, 1870-1945

「この世界というものを一つの有の世界と考えて、そうしてそれにおいて物があると考えれば、やはりその個物というものは本当の個物でなしにやはり世界というものの一部分になる。世界というものは絶対ない、無である。しかし無であるということそれがすなわちわれわれの個物を成りたたしめるところの意味をもっている本当の世界である。」

（講演記録「現実の世界の論理的構造」）

はじめに

西田幾多郎こそは、西洋の出来合いの哲学の単なる紹介の域を超えて、みずからの力で思索を始めた日本で最初の「哲学」者であったといえよう。西田の哲学は、しばしば禅の体験などから説明されたりする。しかし、彼の哲学は特定の宗教的立場を前提としているわけでは決してない。あるいはまた西田というと、「絶対矛盾的自己同一」といった奇怪ともいえるような彼独特のタームを思いうかべ、彼の哲学が現実離れした抽象的な議論でもあるかのように考えている人も多い。しかし彼は常に現実そのものから、その哲学を出発させようとしている。

西田は、「疑いうるだけ疑って、すべての人工的仮定を去り、疑うにももはや疑いようのない、直接の知識を本として出立せねばならぬ」(『善の研究』)と考え、最も直接的で確実な事実とは何かを探究しようとしたのである。その姿勢は、処女作『善の研究』から晩年に至るまで一貫している。彼自身、『善の研究』以来、私の目的は、何処までも直接な、最も根本的な立場から物を見、物を考えようというにあった。」(『哲学論文集・第三』)と述べている。

そうした西田が、西洋のさまざまな形而上学的原理に基づく哲学を、根拠のない独断的なものとして批判したことは当然といえよう。彼はそうした西洋の哲学を「有」の哲学とみなし、それに対していかなる独断的な原理も前提にしないという意味で、みずからの哲学を「無」の哲学と称した。この「無」の哲学は、当時の哲学者に大きな影響を与えることになり、そこから日本でも本格的な「哲学」の流れが生まれるきっかけとなった。

本書ではまず、「無」の哲学を創始した西田を取り上げ、それがどのような経緯によって生みだされてきたのかを、処女作『善の研究』から追いかけていきたい。

1　最も確実な知識を求めて

†煩悶絶間なき心

西田幾多郎は、一八七〇（明治三）年、石川県河北(かほく)郡宇ノ気(うのけ)村に父・得登(やすのり)、母・寅三(とさ)の長男として生まれた。生家は代々大庄屋をつとめる富裕な旧家であった。母は浄土真宗の熱心な信者であり、そのことが西田の宗教的心性の形成に大きな影響を与えることになる。一八八三（明治一六）年、石川県師範学校予備科に入学する。まもなく姉とともにチフスにかかり、姉は病死してしまう。その時の思い出を西田は次のように記している。「余は此時始めて人間の死がいかに悲しき者なるかを知り、人なき所に至りて独涙を垂れ幼き心にも若し余が姉に代りて死し得るものならばと心から思ったこともあった」（「余の弟西田憑次郎を憶う」）。こののち、西田は数多くの肉親の死に出会うことになる。

またこの時期、西田は北条時敬（ときゆき）について数学を学んでいる。北条は西洋数学を金沢に導入するために、東京大学を卒業して帰郷したばかりであった。西田は数学に深い関心を示し、のちに哲学か数学かで進路を迷うまでになる。また北条は禅にも関心をもっており、そこから西田と禅との深い関係が生まれることになる。

一八八六（明治一九）年、西田は石川県専門学校付属初等中学科に入学する。ただし学制改革によって、この学校は翌年には官立に移管され、第四高等中学校となる。そのため、当時の国家主義的な教育政策が押しつけられるようになり、「師弟の間に親しみのあった暖な学校から、忽ち規則づくめな武断的な学校に変じた」という。しかしここで西田は、鈴木大拙をはじめとする生涯の友を多くえることになる。そして西田は、彼らとともに学校にさまざまな抵抗を行ったため、「行状点」の不足などから落第し、結局中途退学してしまう。

西田はその後、大学進学を考えるようになり、一八九一（明治二四）年、帝国大学文科大学哲学科選科（現・東京大学）に入学する。しかし選科生は本科生と差別され、西田は「人生の落伍者」になったような気がしたという。またこの頃、父が事業に失敗し破産してしまう。

一八九四（明治二七）年、帝国大学を卒業するが、選科であったために就職もままならず、翌年、ようやく石川県尋常中学校七尾分校の教諭となり、また従妹の得田寿美（ことみ）と結婚する。さらに翌年には第四高等学校のドイツ語の講師となる。この頃から西田は、北条時敬や鈴木大拙も学んだ金沢の禅僧雪門玄松のもとなどで参禅するようになる。

一八九七（明治三〇）年には、西田の妻が幼児をつれて突然家出をするという事件が起こり、それによって妻と西田の父との間の対立が深まるようになってしまう。また勤務先の第四高等学校での内紛に巻き込まれ、辞職させられてしまう。こうした一連の出来事のために、深刻な精神的危機にみまわれた西田は、京都に逗留して妙心寺で参禅するようになる。まもなく西田は、山口高等学校に新たな職をえることができ、その後の父の死をきっかけに、妻とも和解することになる。

さらに一八九九（明治三二）年、西田は前年より第四高等学校の校長となっていた北条時敬に招かれ、金沢にもどって第四高等学校教授となる。「金沢に居た十年間は私の心身共に壮な、人生の最もよき時であった」という。実際、一九〇六（明治三九）年の頃から、『善の研究』のもととなる論文が次々に書かれていく。しかし、一九〇七（明治四〇）年には、次女と五女を相次いで亡くす。そのときの気持ちを西田は次のように語っている。「名利を思うて煩悶絶間なき心の上に、一杓の冷水を浴びせかけられた様な心持がして、一種の涼味を感ずると共に、心の奥より秋の日の様な清く温き光が照して、凡ての人の上に純潔なる愛を感ずることが出来た。特に深く我心を動かしたのは、今まで愛らしく話したり、歌ったり、遊んだりしていた者が、忽ち消えて壺中の白骨となると云うのは、如何なる訳であろうか。若し人生はこれまでのものであるというならば、人生ほどつまらぬものはない。此処には深き意味がなくてはならぬ」（『思索と体験』）。

その後西田は、東京での研究生活を望むようになり、一九〇九（明治四二）年、学習院教授となって上京する。しかし翌年、当時学長であった四校時代の同級生山本文三郎の斡旋などにより、京都帝国大学文科大学助教授（倫理学担当）に就任する。

†『善の研究』の誕生

京都帝国大学に招かれた西田は、一九一一（明治四四）年『善の研究』を出版する。以下、西田哲学の出発点である『善の研究』の内容を詳しくみてみよう。

西田はこの書において、「疑うにも疑いようのない直接の知識」とは何かを追求しようとする。人間にとって、疑うことのできない最も確実なものとは何だろう。普通われわれは、それを次のように考えていないだろうか。われわれの意識を離れて、外界にはさまざまな事物が確実に存在する。また一方、われわれにはそれらを認識している意識の働きが存在し、そうした意識の働きの背後には、心なるものが確かに存在している。これは哲学的にいえば、主観(=精神)と客観(=物質)というものが別々に独立して実在しているという考え方である。西洋近代の哲学も、主にこうした前提に立っている。

しかし西田は、このように物や心が、それぞれ独立して存在しているということは、疑おうと思えばいくらでも疑えると考える。たとえば、目の前の机を考えてみよう。私はその机の色を認識することができるが、それはあくまでも私の眼の感覚を通してである。また私は、机に触れることによって確かに抵抗を感じることができるが、しかしそれは私の手の感覚を通してである。このように、われわれの感覚を通してしか物そのものを認識することはできないのであるが、われわれの感覚が常に確実であるとはいえない。

また、自分の心そのものについても同様である。われわれが知るのは、感情や意志や知性などとよばれるような、意識の一連の働きだけであって、それら個々の意識の働きを超えて不変なる心がどこかに存在するとは必ずしもいえない。

このように、物や心の存在は疑おうと思えばいくらでも疑うことのできるものだと西田は考える。では、「疑うにも疑いようのない直接の知識」とは何か。たとえば、色を見たり、音を聞いたりする瞬間を考えてみよう。そのとき、これが外からの物の作用であるとか、私がこれを感じているとかいったような考えもまだ浮かばないような状態がある。それればかりでなく、この色、この音は何であるかといった判断すら加えられる前の状態があるはずだ。すべての経験は、そこから出発するといってもよいのではなかろうか。そうした原初の経験を、西田は「純粋経験」とよぶ。主観と客観とにまだ分かれず、知情意の区別もまだない、こうした「純粋経験」こそ、疑うにも疑うことのできない、最も直接的で原始的な事実であり、確実に存在する唯一の「実在」であると西田は考える。

「恰(あたか)も我々が美妙なる音楽に心を奪われ、物我相忘れ、天地ただ嚠喨(りゅうりょう)たる一楽声のみなるが如く、この刹那いわゆる真実在が現前している。これを空気の振動であるとか、自分がこれを聴いているとかいう考は、我々がこの実在の真景を離れて反省し思惟するに由って起ってくるので、この時我々は已に真実在を離れているのである。」

こうした「純粋経験」は、単に色を見たり音を聞いたりする場合の根源にあるだけではない。西田によれば、さらに記憶や抽象的思惟や意志といったより複雑な働きにおいても、その根底に「純粋経験」があるという。たとえば、私たちは記憶によって過去を思い浮かべるが、しかしそれはあくまでも現在の「純粋経験」として思い起こされるのである。また幾何学者が三角形一般に関して抽象的に思惟する場合も、現実には一個の具体的な三角形を現在の「純粋経験」において思い浮かべながら考えるのである。さらに、ある目的を果たそうと意志する場合も、目的そのものは未来にあるにしても、実際にはそれを現在の「純粋経験」における欲望として感じるのである。このように記憶も抽象的思惟も意志も、すべて現在の「純粋経験」から出発するという。

†「純粋経験」の分裂と統一

こうした「純粋経験」というものは、最も原初の経験ではあるが、しかし西田によれば、決して単純な内容のものではないという。そもそも瞬間的な知覚でさえも、よく考えてみれば単一の経験ではなく、実は複雑な経験の複合体である。たとえば、一本のペンを瞬間的に知覚する場合でも、そこには色や形や質感などさまざまな体験が含まれている。それらを総合的に一挙に認識することができるのは、それら多様な知覚が、ばらばらなものではなく、もともと一つの統一的な体系をなしたものであるからだと西田は考える。もちろん、より複雑な意識の場合には、より大きな体系が働いているのはいうまでもない。いずれにせよ、西田は「純粋経験」というものは、一つの体系をなしたものだと考える。

ただし、こうした「純粋経験」の体系は、つねに緊密な連関をなしているとは限らない。そのなかでさまざまな分裂や衝突が起こる場合もある。しかし西田は、分裂や衝突が起こっても、必ずさらなる大きな統一の働きが起こり、結局は体系の形を失うことはないと考える。つまり、分裂や衝突を通して「純粋経験」は一層大なる発展をとげ、一層大なる体系をもつようになるというのである。

「純粋経験」がこうした大なる発展をとげるのは、そもそも「純粋経験」そのもののうちにそうしたものを求める意志があるからだと西田は考える。たとえば、いかに簡単な知覚であっても、決して受動的なものではなく、知覚を構成する多様な要素をまとめあげていこうとする能動的な働きを含んでいるという。また純粋な思惟も、ある問題の解決を求めているという点に注目するならば、何らかの能動性をもっている。このように、さまざまな意識の根底には、能動性というものがひそんでおり、それは結局「純粋経験」のより大なる統一への要求としての意志の働きによるものだと西田は考えるのである。先に述べたように、「純粋経験」というものは、本来は知情意に分けることのできないものである。

しかし強いていうならば、こうした大なる統一への要求としての意志というものが、「純粋経験」の根本をなすものだというのである。

†宇宙の大いなる統一力

では、こうした「純粋経験」の能動的な統一作用の主体となるものは、どのようなものであろうか。普通に考えれば、そこに「われ」というものを想定できそうに思える。しかし、西田はそうした考え方をとらない。「純粋経験」の統一体においては、類似した経験が集まって体系をなしているだけであって、その背後にそうした統一作用の主体としての「われ」というものを想定するのは独断であると西田は考える。むしろ逆に「われ」という個人の意識は、「純粋経験」から抽出されたものにすぎないという。その意味で「個人あって経験あるにあらず、経験あって個人あるのである」というのだ。

西田にいわせれば、「純粋経験」の統一作用の主体は、むしろ個人を超えたものだという。そもそも、個人にあっても、昨日の意識と今日の意識とは独立の意識でありながら、同一の体系に属するものとして、一つの意識と考えられている。だとするならば、自己と他者の意識の間にも絶対的区別をつけることはできないはずだというのである。そして西田は、自他を貫いて働く「純粋経験」の統一作用というものは、究極的には「宇宙」全体の統一力ともいえるものに基づいていると考える。

西田によれば、「宇宙」には「唯一実在の唯一活動」があるだけであり、それが一方においては無限の対立衝突を生みだすと同時に、他方においては無限の統一力として働くという。先にみてきた「純粋経験」における分裂と大なる統一とは、結局はこうした「宇宙」全体の働きに根ざしたものだというのである。

この「宇宙」の無限なる活動の根本を、西田は「神」ともよぶ。西田にとって「神」とは、決して実在の外に超越したものではなく、実在の根底そのものなのである。またそれは、その働きが無限であるという意味で、「無」とも表現できるという。ここには西田の「無」の哲学の源泉があるともいえよう。

西田によれば、芸術家や宗教者の「知的直観」というものは、そうした「宇宙」の無限の統一力を知る働きであるという。たとえば、画家が興に乗って絵筆を動かしているとき、絵筆の複雑な動きの背後には、ある統一的なものが働いており、それが発展完成することによって絵はできあがる。それは、通常の「純粋経験」の統一作用を一層深く大きくしたものであるという。また宗教者の新たな目覚めといったものも、意識の根底に横たわる深遠なる統一力を自得することであるという。

また西田によれば、善というものも、自己の統一作用としての意志を発展完成させ、

「宇宙」の統一力と一致させることだという。そこから西田は、従来の倫理学を批判し、真の倫理学は「純粋経験」の発展完成にあるという「活動説」なるものを提唱する。

さて、以上が西田の「純粋経験」に関する議論である。ふり返って考えてみると、西田は「純粋経験」というものを、実は三つの位相で使っていることが理解できる。まず「純粋経験」には、疑うにも疑うことのできない、最も直接的で原始的な事実という意味がある。そこではいまだ主観と客観とが未分化であり、知情意の区別もない。しかし、そうした意味での「純粋経験」は潜在的に分裂を含んでおり、必然的に分化発展していくものとされている。しかし西田は、そうした分裂状態も結局は「純粋経験」の体系から離れたものではないとして、広い意味での「純粋経験」としてとらえている。そして最後に、そうした分裂状態を超えた大なる統一力といったものも、「純粋経験」であるとされている。西田はこの最後の意味での「純粋経験」の背後に、「宇宙」の無限なる実在の統一力というものを考えていた。

しかし、これら三つの位相を、すべて同じ「純粋経験」という概念でくくるのは、いささか無理があるのではなかろうか。特に「純粋経験」の分裂や衝突というものに、せっかく眼が向けられながらも、それを突きつめることなく、結局は「純粋経験」の統一力というものによって問題を容易に解決してしまっている点は、楽天的な印象をまぬがれない。

しかもそれが、そのまま「宇宙」全体の統一力と連続的につながるものとされている点も、安易な形而上学によってすべてが解決されてしまっており問題が残るように思われる。

2 創造的自己としての「自覚」

†自己の創造的発展

こうした『善の研究』の問題点には、おそらく西田自身も気づいていたのであろう。彼は大正期に入ると、安易に形而上学的世界に解決を求めることをいったん中止し、あくまでも自己の意識の枠内で、その分裂と統一の問題をみつめていこうとするようになる。そうした大正期の思索の成果としてまとめられたものが、一九一七(大正六)年に出された『自覚における直観と反省』である。

この書は、表題にある「直観」、「反省」、「自覚」の三者がキー・ワードとなっている。まず「直観」とは、「主客の未だ分かれない、知るものと知られるものと一つである、現実そのままな、不断進行の意識」のことであるとされている。これは『善の研究』でいえば、最も原初的な意味での「純粋経験」にあたることがわかる。

また「反省」とは、「この進行の外に立って、翻ってこれを見た意識」のことであるという。これは「純粋経験」が分化発展し、分裂や対立が起こった状態にあたる。ただし「反省」が「純粋経験」の「進行の外に立って」いるということは、意識の分裂や対立が『善の研究』よりも一層深刻に受け止められていることを意味している。

そして「自覚」とは、「純粋経験」の分裂や対立のより深い統一にあたる。ただし『善の研究』では、そうした自己の統一力は「宇宙」全体の統一力に基づくものとされていたが、ここではあくまでも自己の意識内の問題として考えられている。

さて、「直観」「反省」「自覚」というこれら三者のなかで、西田はまず、そもそも「反省」とは、どのような構造をもっているのかを考える。自己が自己を「反省」するということは、自己と、その自己を「反省」する第二の自己があるということである。つまり、「意識する自己」と「意識される自己」とに、自己が分裂しているということである。しかし分裂しながらも、両者とも自己であるという点においては同一である。

では「意識する自己」と「意識される自己」とは、どのようにして同一なのであろうか。たとえば、この二つの自己を二つながらに思惟の対象とするような、第三の自己を想定してみることもできる。だがそうなると、第三の自己もまた「反省」の対象とするような、さらにより根底にある自己が想定されてしまう。こうして第四の自己、第五の自己と無限に後退していくだけで、自己の同一性はどこにも見出せなくなってしまう。

そうしたことを免れるためには、「意識する自己」と「意識される自己」との双方の根底にある自己を、もはや「反省」的自己とは異なったものとしてとらえなければならない。そこで西田は、すべての根底にある自己の働きを、「反省」作用ではなく、能動的な創造作用としてとらえようとした。そして、「意識する自己」も「意識される自己」も、そうした能動的自己の働きによって生み出されたものであると考えた。こうした能動的自己の働きを、西田は「自覚」とよぶ。西田のいう「自覚」とは、自己の無限の創造的運動のことなのである。

西田によれば、「直観」も「反省」も、実はこの「自覚」の働きにのっとったものだという。自己は自己自身を「反省」することによって、どこまでも自己の根源にもどっていく。それはいい方を変えれば、より深く自己自身を「直観」することでもあるという。つまり「反省」が「直観」であり、「直観」が「反省」であるというのだ。そして西田は、そのようにより大きな自己の根底に帰っていくことが、同時に自己の創造的発展、即ち「自覚」でもあると考えた。そこでは自己の創造的発展が自己の根源への還帰であり、自己の根源への帰還が自己の創造的発展であるという。こうして西田は、「直観」と「反省」

とを「自覚」において統一しようとしたのである。

西田は「直観」や「反省」以外のさまざまな意識の働きも、こうした「自覚」の発展によって生じると考えた。そのなかでも「自覚」の最も重要な働きは、意味や価値を創出することにあるとした。つまり自己の創造的発展が、とりもなおさず意味や価値の実現につながると考えたのである。

こうして西田は、『善の研究』における「純粋経験」にかわって、自己の創造的発展としての「自覚」こそが、最も直接的で具体的な実在だと考えるようになるのである。

†意志の創造作用

『自覚における直観と反省』の後半において、西田はこうした「自覚」の根底に、さらに「絶対自由意志」というものを考えるようになる。「絶対自由意志」とは、最も深い「自覚」なのだという。それはすべての「反省」的思惟を超越した「思惟の極限」であると同時に、すべての「反省」的思惟を生み出す創造作用でもある。したがって意志といっても、知性や感情と対立した通常の意志を意味するものではなく、どのようにしても対象化できない人間の心の最も深いところでの働きのことなのである。

「自覚」というものが、自己の根源への還帰であると同時に自己の創造的発展であったように、「絶対自由意志」もまた、そうした二つの方向を合わせもっているという。特に「反省」の方向のみを抽出した場合、そこには抽象的な思惟の働きが生まれ、そこから数学や物理学の世界が生まれる。また逆に発展の方向のみを考えた場合には、そこに具体的世界との関わりが生まれ、そこから歴史的世界や道徳的世界が生まれる。そして「絶対自由意志」の働き全体からは芸術や宗教の世界が生まれるという。こうして西田は「絶対自由意志」のさまざまな働きによって、さまざまな世界が成立するものと考えた。

このように、人間の意識の最も根源的な働きを「意志」に求めるという考え方は、すでに述べたように『善の研究』にもみられる。しかし『善の研究』では、そうした「意志」の根源に、さらに「宇宙」の統一力というものが考えられた。では、「絶対自由意志」の背後には、何があるのであろうか。

そもそも西田は、「絶対自由意志」そのものが「宇宙の創造作用」であり、「無限なる神秘の世界」であるとも説いている。「絶対自由意志」は個人の自由意志を超えたものであり、個人の自由意志は「絶対自由意志」のなかにおいてはじめて自由なのだという。しかし西田は、『善の研究』の場合とは違って、それ以上形而上学的世界について詳しく語ろうとはしていない。「絶対自由意志」とは「無より有を生ずる創造作用の点」であり、「創造的無から来って創造的無に還り去る」ものだと説明されるばかりである。その場合、

「絶対自由意志」と「創造的無」との関係については、かならずしも明確ではない。西田は、『自覚における直観と反省』の序で次のように述べている。

「此書は余の思索に於ける悪戦苦闘のドキュメントである。幾多の紆余曲折の後、余は遂に何等の新しい思想も解決も得なかったと言わなければならない。刀折れ矢竭(つ)きて降を神秘の軍門に請うたという譏(そしり)を免れないかも知れない。」

3 意識の根底にある「無の場所」

†わが心深き底あり

『自覚における直観と反省』が出された翌年の一九一八（大正七）年、西田の母が他界する。その後数年の間に、長男の死、子供たちの病気、そして妻の死など西田には不幸が相次ぐ。この時期西田は歌を多く詠んでいる。

しみじみと此人生を厭ひけりけふ此頃の冬の日のごと
かくしても生くべきものかこれの世に五年こなた安き日もなし
愛宕山入る日の如くあかあかと燃し尽さん残れる命

しかし学問の世界においては、一九二〇年ごろから、西田を慕って京都帝国大学の哲学科をめざす者が増え、いわゆる「京都学派」が形成されていった。そうしたなかで西田は、ちょうど元号が変わる一九二六（大正一五・昭和元）年に論文「場所」を発表する。この論文において、彼は「無の場所」という考え方をはじめて打ちだす。左右田喜一郎（そうだ）は、この論文にみられる西田の新しい立場を、初めて「西田哲学」と名づけ、以後この呼称が一般に広まることとなる。

先に述べたように、大正期の思索は結局西田を満足させるものとはならなかった。彼は「絶対自由意志」を超えたものを求めなければ問題が解決しないと感じるようになっていったが、それを論理的に提示することは遂にできなかった。たしかに『善の研究』では、「宇宙」の統一力という形而上学的世界が考えられていたが、それはあくまでも「純粋経験」という最も直接的な事実の発展上に、独断的に想定されたものにすぎなかった。したがって大正期の西田は、そうした自己の直接的な延長線上に形而上学的世界を考えることを拒否することから出発していた。したがって、「絶対自由意志」を超えたものを求めるとしたら、それは自己の根底にあって自己の根拠となるものであるばかりでなく、同時に自己から隔絶し自己を超越したものでなければならなかった。しかもそれは、独断的な原理であってはならない。

そうした問題意識から登場してきたのが、「無の場所」という考え方なのである。論文「場所」をはじめとする西田の新しい立場は、一九二七（昭和二）年の『働くものから見るものへ』にまとめられることになる。この書において「働くもの」とは、大正期の西田が問題にしていた「自覚」や「絶対自由意志」といった能動的な創造作用を意味している。それに対して、そうした作用の根底にあって、そうした作用を超えたものが「見るもの」なのである。

この場合、「見る」とは「直観」のことである。ただしこれまで西田は、「直観」という言葉を、主観と客観とが分かれる前の「純粋経験」とほぼ同じ意味で主に使っていた。それに対して、ここでは一切の意識を超えた「無の場所」が「直観」の対象となっている。ただし「無の場所」とは、のちに述べるように決して対象化してとらえることのできないものである。したがって、「見る」といっても結局、「見るものなくして見る」のであり、「形なきものの形を見る」のである。

西田に次のような歌がある。

わが心深き底あり喜も憂の波もとどかじと思ふ

昭和に入ってから西田がみいだしたものは、まさに「わが心」の「深き底」なのである。

†一般者の一般者

『善の研究』においては、西田は主観と客観とに分かれる前の「純粋経験」に哲学の出発点を求めた。しかし論文「場所」以降は、人間の意識の働きとは、主観が客観を「包む」ことだと考えるようになる。西洋近代の場合、たとえばカントなどは、主観が客観に働きかけ、客観を構成する作用が認識であると考えた。それに対して西田は、主観が客観を包むという「包摂関係」として人間の認識をとらえようとしたのである。つまり、意識とは対象をそこに包み込み、映し出す「場所」なのだと考えるようになるのである。この考え方が、西田の哲学に大きな転換をもたらすことになる。

その際西田は、主観が客観を包むということは、いいかえれば一般が特殊を包むということだと考えた。たとえば、色というものを識別する場合を考えてみよう。この色は赤だと識別するということは、同時に赤ではないさまざまな色をも識別し、それらと区別することである。それは、個々の特殊な色を、色全体についての一般概念のうちに置くことによって、はじめて可能となる。つまり赤という色の識別の背後には、色全体についての一般概念がなければならない。

このように、一般概念によって特殊を包むということが、人間の意識の働きであると西田は考えたのである。しかも一般概念には多様なレベルがあり、どのような一般概念も、より高次の一般概念によって包み込まれている。したがって意識においては、さまざまなレベルの一般と特殊とが無限に重なりあっているのである。つまり意識の働きとしての「場所」は、多様で重層的なのである。

ただし西田は、特殊の方向にも、一般の方向にも極限があると考えた。彼はそのことを、論理の基本形式である「S is P（SはPである）」という「判断」の形式をかりて説明している。西田によればこの形式は、「S（主語）が、P（述語）のなかに含まれる」という「包摂関係」を表すものであるという。その場合、「主語」の位置にくるものが特殊＝客観、「述語」の位置にくるものが一般＝主観と考えれば、この形式は「特殊＝客観が、一般＝主観のなかに含まれる」という、西田の考える認識の形式としての「包摂関係」を表すものになるという。

さて、こうした「判断」という形式について考える場合、哲学においては伝統的に、「述語（一般）」の方が実在であるという考え方と、「主語（特殊）」の方が実在であるという考え方とがある。前者を代表するのがプラトンであり、後者を代表するのがアリストテレスである。

プラトンは、「判断」においては「述語」にあたる「一般的なもの」こそが本当の実在であり、「特殊なもの」とは、「一般的なもの」が特殊化されたものに過ぎないと考えた。プラトンによれば、「一般的なもの」に「種差（他から区別する、あるものの特有の性質）」を加えることによって「特殊なもの」が生まれ、その特殊化の果てに「個物」というものが成り立つという。たとえば、動物というものに、色々の「種差」を加えて最後に「この馬」という「個物」になるというのである。

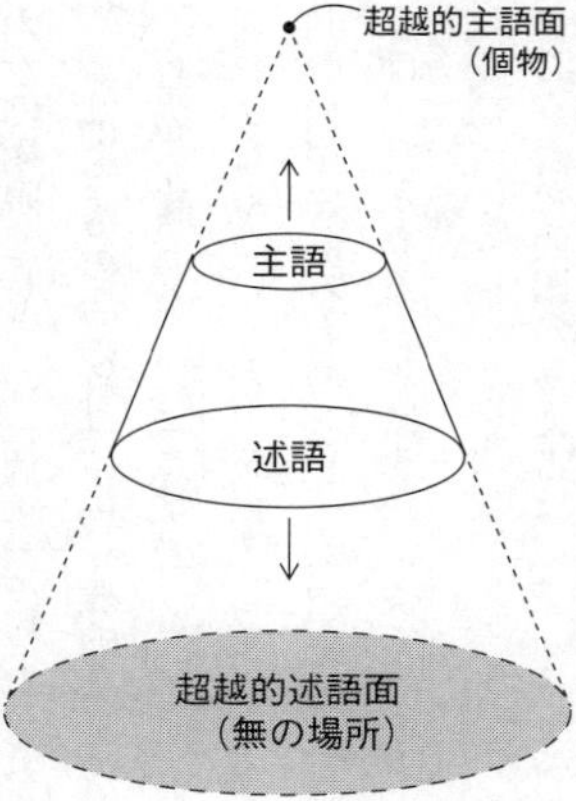

しかし、西田は「種差」というものも、「性質」である以上あくまでも「一般的なもの」であって、どこまでいっても「特殊なも

超越的主語面（個物）
主語
述語
超越的述語面（無の場所）

の」の極限としての「個物」には至らないと考える。したがって、「個物」というものは「一般的なもの」の外に、「一般的なもの」を超越して存在するということになる。それは、「主語が述語の中に含まれる」という「判断」の形式にそっていうならば、「主語となって述語とならないもの」を意味している。そこで西田は、そうした「個物」を「主語」の方向の極限にあるものとして「超越的主語面」とよぶ。「超越的主語面」としての「個物」とは、いかなる一般概念によってもとらえ切れない具体的現実のなかの真の実在を意味している。

こうした西田の考え方は、アリストテレスの見方に近い。アリストテレスはプラトンとは反対に、「判断」において「主語」にあたる「個物」こそが本当の実在であると考えた。アリストテレスによれば、「一般的なもの」とはみな特殊な「個物」のもっている性質であって、「個物」によってはじめて存在しているというのである。

しかし西田は、今度はそうしたアリストテレスの考え方をも批判する。西田によれば、われわれが何かものを考え「判断」する時には、必ず一般概念のなかで、「何々においてある」というふうに考えなければならないという。したがって「超越的主語面」としての「個物」というものでさえ、何らかの「一般的なもの」との関係において考えてみなければ、人間の認識の対象とはならないという。しかし、すでにみたように、通常の「一般的なもの」からは「個物」を成立させることはできない。では、「個物」を成立させる「一般的なもの」とはどのようなものであろうか。

実は「特殊なもの」とは、それが特殊であればあるほど、逆にそのなかにさまざまなレベルの「一般的なもの」を性質として内包していくことになる。だとするならば、その特殊化の極限にある「個物」というものは、無限に多くの「一般的なるもの」を内包した存在といえよう。したがって、そうした「個物」を包摂できる「一般的なもの」とは、あらゆる「一般的なもの」を内包した無限大のものでなければならない。それは特殊な要素を一切ふくまない、「一般者の一般者」とでもいうべきものである。それは、「判断」の形式にそっていうならば、「述語となって主語とならないもの」を意味している。そこで西田は、そうしたものを「述語」の方向の極限にあるものとして「超越的述語面」とよぶ。

西田は、真の実在であるいきいきとした「個物」をとらえるためには、無限大の内容とひろがりをもった「一般者の一般者」が必要だと考えた。そして、それを「無の場所」とよんだのである。

†「絶対無」という「場所」

先にのべたように、人間の意識とは一般と特殊との無限の重なりあいをふくんだものであり、したがって、意識の働きとしての「場所」もまたさまざまなレベルにおいて無数に存在するものであった。そうした通常の意識の働きとしての「場所」のことを、西田は「有の場所」とよぶ。それに対して「無の場所」とは、そうした無数の「有の場所」の根底にあるものだとする。「有の場所」が「意識された意識」とするならば、「無の場所」とは「意識する意識」ともいえるものである。

ただし西田は、こうした意味での「無の場所」も、まだ、最も根底的な「場所」ではないとする。なぜならば、それは客観的世界を認識する主観的意識の範囲を超えたものではなく、その意味で、まだ対象界という「有」と対立した「対立的無の場所」にすぎないからである。それに対して西田は、そうした「相対的無の場所」のさらに根底に、客観的な対象界と主観的な意識界の双方を包み込む「真の無の場所」を考える。西田によれば、それは、「意識が意識の底に没入」し、「場所が場所の底に超越」したものであり、意識の働きを支えながらもそれを超えた「絶対無の場所」であるという。

こうして西田は、大正期以来求め続けていたもの、つまり自己の根底にあって自己の根拠となるものであるばかりでなく、同時に自己から隔絶し自己を超越したもの、しかも決して独断的な原理ではないもの。それを「絶対無の場所」として提示したのである。西田は『働くものから見るものへ』の序で次のように述べている。

「形相を有となし形成を善となす泰西（西洋）文化の絢爛たる発展には、尚ぶべきもの、学ぶべきものの許多なるは云うまでもないが、幾千年来我等の祖先を孚み来った東洋文化の根抵には、形なきものの形を見、声なきものの声を聞くと云った様なものが潜んで居るのではなかろうか。我々の心は此の如きものを求めて已まない、私はかかる要求に哲学的根拠を与えて見たいと思うのである。」

この「絶対無の場所」という概念の登場が、日本の「哲学」の真の出発点となったといえよう。これから本書で扱う田辺、和辻、九鬼、三木といった哲学者はみなこの西田の「無」を独自に解釈していくことによって、みずからの哲学を展開させていったのである。

4 「一般者」の重層的構造

†特殊と一般の双方を包むもの

『働くものから見るものへ』が出された翌年の一九二八（昭和三）年、西田は京都帝国大学を停年退官する。退官後は毎年夏と冬を、気に入った鎌倉の地で送ることになる。西田は京都帝大時代を振り返って、「外面には花やかに見えたもののこの十年来家庭の不幸には幾度か堪（た）え難い思いに沈みました。花やかな外面も深い暗い人生の流の上に渦まく虚幻の泡にすぎませぬ。……今度停年に達したのを幸、全然隠遁の生活に入って唯僅（わず）かばかり残されたる仕事の完成に従事したいと思っています」（「堀維孝宛書簡」）と述べている。しかし、むしろ退官後「西田哲学」は大きな展開をみせることになり、次々に論文集が刊行されていく。

西田は、『働くものから見るものへ』において「絶対無の場所」という考え方を打ち出し、「西田哲学」の基礎をすえることができた。しかし西田のねらいに反して「絶対無の場所」というものが、新たな形而上学的原理であるかのような印象を完全に払拭しているとはいえない。なぜ、そのようなことになってしまったのであろうか。それはおそらく、「場所」というものが主語と述語、特殊と一般、客観と主観という対立項のうちの述語の側、一般の側、主観の側にあるものとされたからではなかろうか。そのため「絶対無の場所」というものも、自己の主観の底にある何か超越的で普遍的な実体であるかのようにみられる可能性を残してしまったのである。

そこで、西田自身そうした難点を乗り越えようとして、「場所」というものを主語と述語、特殊と一般、客観と主観の双方の関わり合いの根底において働くものとして考えるようになる。その最初の試みが、一九三〇(昭和五)年の『一般者の自覚的体系』である。そこで西田は、誤解が生じないように「場所」という言葉をなるべく避け、かわって「一般者」、特に「具体的一般者」という言葉を多く使うようになる。西田によれば「一般者」こそ、主語と述語、特殊と一般、客観と主観の双方を包み込むものなのである。

†三層の「一般者」

西田は、そうした意味での「一般者」というものを、「判断的一般者」・「自覚的一般者」・「叡智的一般者」の三つに分けている。

まず、客観的世界としての自然界の認識の場面に関わるのが「判断的一般者」である。先に述べたように、『働くものから見るものへ』において西田は、対象を認識する場合の「判断」とは、一般のなかに特殊を包摂することであるとした。しかし、ここでは、「判断」において特殊を包摂する一般とは、まだ「抽象的一般者」にすぎないと考えるようになる。そして、そうした「抽象的一般者」とそれが包摂する特殊との双方を、ともに包摂して「判断」を成り立たせるものこそが「具体的一般者」だとする。西田はこの「具体的一般者」を、「判断的一般者」とよぶ。そして先に述べた「超越的述語面」と「超越的主語面」とは、この「判断的一般者」の両端をなすものだとする。

しかし西田によれば、この「判断的一般者」においては、客観的世界としての自然界を認識しているだけであって、自己が自己自身を意識する「自覚」の働きといったものはまだないという。そこで西田は、「判断的一般者」をも包み込む一般者として「自覚的一般者」というものを考え、『自覚における直観と反省』で問題にしたような「反省」や「自覚」についても、そこで問題にしようとする。

「判断的一般者」において最も実在的・具体的と考えられるものは、「超越的主語面」としての「個物」が作りだす自然界であるが、しかし、それらは「自覚的一般者」においては、単に意識作用の内容にすぎず、かえって抽象的なものとみなされる。「自覚的一般者」

において真に実在的・具体的と考えられるものは、意識である。
　そうした意識のなかで、自己自身を意識するもの、すなわち「自覚」するものを、西田は「知的自己」とよぶ。そして、『自覚における直観と反省』において「自覚」の根底に「絶対自由意志」をみたのと同じように、ここでも西田は「自覚」作用の根底に、意志の働きをみようとする。それが「作用の作用」としての「意志的自己」である。 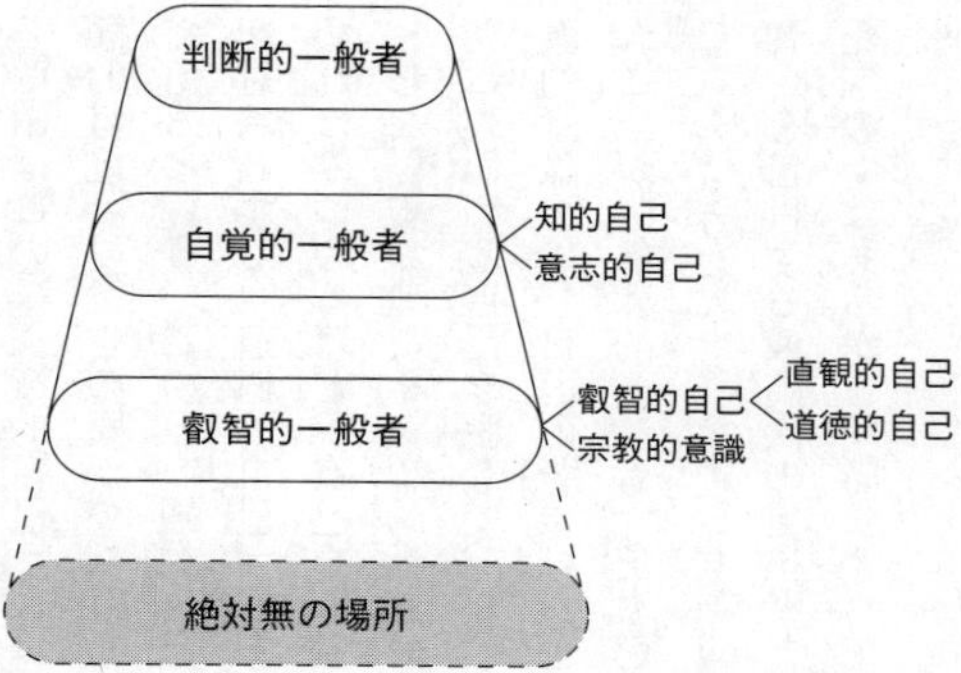
　しかし西田によれば、こうした「意志的自己」も究極の自己ではない。さらに西田は、「自覚的一般者」を包み込む一般者として、そこにおいて芸術・道徳・宗教などのいわゆる叡智的世界が成り立つ「叡智的一般者」というものを考える。そこには「叡智的自己」とよばれるものが存在するという。ただし叡智的世界というものは、あらゆる反省を超越したものであるから、「叡智的自己」そのものを対象化してとらえることはできないという。

判断的一般者
自覚的一般者
知的自己
意志的自己
叡智的一般者
叡智的自己
直観的自己
道徳的自己
宗教的意識
絶対無の場所

西田はこの「叡智的自己」には、「直観的自己」と「道徳的自己」とがあるとする。「直観的自己」の働きのなかで、最も典型的なものは、美のイデアを直観する「芸術的直観」であるという。この「直観的自己」をも超えたところに、善のイデアとしての当為や価値を対象とする「道徳的自己」がある。ただし「道徳的自己」は、自己自身の底を深くみつめればみつめるほど、自己を不完全なもの、悪なるものと感じるようになる。西田は、こうした悩める魂こそ叡智的世界の最も深い実在であるとする。

この悩める自己を脱して、自己自身の根底をみるのが「宗教的意識」である。この「宗教的意識」は、自己の背後に自己を超えたものを指し示すことになる。そして西田は、それこそが「叡智的一般者」をも超越した「絶対無の場所」であるとする。

このように、『一般者の自覚的体系』においては、「絶対無の場所」はすべての「一般者」を包摂する最高次の包摂者として位置づけられている。それはすべての自己を超えでたものではあるが、同時にすべての自己がそこにおいて成り立つ究極の「場所」なのである。

5 「社会的・歴史的世界」への関心

†マルクスゆえにいねがてにする

一九三一（昭和六）年、西田は女子英学塾（現・津田塾大学）の教師であった山田琴と再婚する。再婚に関して彼は、「人はすぐ性的意義というものに重きを置いて考えるから変に思われるのであるが、嫁の世話になり孫と遊んで余生を送るということが（それが所謂よき老人かも知れぬが）老人の理想であるべきならとにかく、自分の生命のあらん限り何処までも向上発展し自己自身にあるものを何処までも進めて行きたいという事も老人の一つの考え方ではないかと思うのです」（「和辻哲郎宛書簡」）と述べている。琴は留学経験もある知的な女性であったが、西田には献身的に尽くしたようである。

また思想の上では、一九二九年ごろから西田の周辺でしきりにマルクス主義が議論されるようになっていた。この頃西田は、「夜ふけまで又マルクスを論じたりマルクスゆえにいねがてにする（寝られなくなる）」という歌を詠んでいる。こうした雰囲気は、西田に現実社会への強い関心をもたせることになり、それは彼の哲学の上にも現れるようになる。

先に述べたように、『一般者の自覚的体系』において西田は、特殊と一般、主語と述語、客観と主観の双方を包み込んでその根底にある「一般者」というものを問題にした。それによって「絶対無の場所」が、単に主観の奥にあって客観的世界との関わりを欠いたものではなく、自己と世界の双方の働きを成り立たせるものであると主張しようとしたのである。しかし、その試みは必ずしも成功していない。それは、「判断的一般者」→「自覚的一般者」→「叡智的一般者」と、次々により高次の「一般者」へ超越していくという構造が、結局は問題をどんどん主観の側の奥底に求めることになってしまい、「絶対無の場所」も、自己の内面の問題とされてしまうような傾向からぬけでていないからである。

そうしたことの反省に立って西田は、一九三二（昭和七）年の『無の自覚的限定』においては、それまでとは説明の順序を逆にするようになる。すなわち『一般者の自覚的体系』においては、「一般者」を内面の方向に順次さかのぼって、ついに「絶対無の場所」に到達するという形で叙述されていたが、『無の自覚的限定』においては、逆に「絶対無の場所」からどのようにして、さまざまな現実世界が成立するのかを問題にしようとする。

しかもこれは、単に説明の順序の問題だけではない。それまで西田は、自己の意識の根源を求めて自己の内面を垂直的に掘り下げていったが、そのために、どうしても自己というものが、特権的な位置に置かれることになってしまい、自己を現実世界のただなかで、相対的にとらえることができなかった。それに対して『無の自覚的限定』においては、「絶対無の場所」という根源的な世界からどのように現実の世界に舞い戻るかが問題になっており、それと連動して自己というものも、「私と汝」という自他関係のなかで扱われるようになり、しかもそれが「社会的・歴史的世界」のただなかでとらえられるようになっていく。

†私と汝

西田は『無の自覚的限定』の中心をなす論文「私と汝」において、初めて本格的に自他関係を問題にしている。

まず、西田は人間がどのようにして他者を理解しているのかを考える。普通われわれは、他人が何を考えているのか直接的にはわからない。したがって西田も認めているように、「各自が絶対的に自己自身に固有なる内界を有つ」ともいえよう。しかしまた一方、人間はさまざまに他者を理解しながら生きているのも事実である。では、どのようにして他者を理解するのであろうか。たとえば、言葉によって意志を伝達しようとするとき、私の声は空気の波動として直接汝の耳に働きかけるのであるが、しかし、私の意識内容を汝に通じさせるものは、単なる空気の波動ではない。「言語」という「社会的・歴史的事物」を、私と汝とが共にしているということによって相通じるのである。そうしたものは「言語」だけではない。西田のいい方によれば、私と汝とはさまざまなレベルの「環境」や「一般者」といった共通したものに、ともに限定されているものとして相関係するのである。

こうした「環境」や「一般者」とは、いい方を変えれば私や汝の独自性・固有性をいったん否定するものである。つまり私と汝とは、自己を否定するものを通して、相関係するといえよう。そして西田は、このように私と汝とをともに否定しながら結合させるものの最も根底に「絶対無の場所」を考える。「絶対無」とは私にとっても汝にとっても、「絶対に他なるもの」である。しかし、その「絶対に他なるもの」が、私と汝とを最も根源的に相関係させるのであると西田は考える。私は私自身の根底を掘り下げていったとき、私自身の底に私自身を否定する「絶対の他」を見出す。そして、その「絶対の他」は同時に汝の底にもある。私と汝とはそうした「絶対の他」を通して、最も根底的に相関係するのである。

「私は他に於いて私自身を失う、之と共に汝も亦この他において汝自身を失わなければならない。私はこの他に於て汝の呼声を、汝はこの他に於いて私の呼声を聞くということとができる。」

ある精神医学者は、この文章が自他を分ける心の障壁が失われた統合失調症の症状によく似ていると指摘しているが、おそらく西田の哲学は、そうした患者でなければ垣間見ることのできないような心の深層への鋭い理解に基づくものであろう。ただし、西田の場合には、統合失調症のように自己のなかに他者が侵入してきてしまうわけではない。「絶対の他」は自他を相関係させる働きであるとともに、自他を明確に区別する働きでもある。つまり、私と汝とが「絶対の他」を通すことによって相関係するということは、私と汝とが直接的に一体化するのではなく、あくまでも互いに「絶対に他なるもの」でありながら、しかも通底するということなのである。

6　創造的世界の創造的要素

†「述語的場所」から「媒介的場所」へ

こうして西田は『無の自覚的限定』において、自他関係を初めて本格的に扱い、自己を具体的な現実社会のなかでとらえる方向に第一歩を踏みだした。しかし、そこでもまだ「絶対無」というものが主観の側に考えられているという、主観主義への偏向を完全に脱してはいなかった。

しかし、翌一九三三（昭和八）年の『哲学の根本問題』では大きな転換が起こる。そこでは、主観・客観の関係がそれ以前とまったく逆転するのである。それまでは人間の意識の働きに関心の中心がおかれ、主観が意識によって「包む」側、客観が意識によって「包まれる」側にあった。しかし『哲学の根本問題』では、まったく逆に主観的世界が「包まれる」側に転じ、客観的世界が「包む」側に転じる。それは、人間の「意識」の立場によって世界をみることをやめたからである。ここで「包む」側の客観的世界とは、自然環境や社会などを意味している。つまり、環境や社会に包まれながら、そのなかを生きる主体的人間のあり方が問題とされるようになったのである。

したがって、そこでは意識にかわって、環境や社会と主体的人間との相互交渉における「行為」というものが中心に考えられるようになっていく。そして、「絶対無」というものも、環境や社会と主体的人間との相互交渉を可能にする「機能」としてとらえられるようになる。いいかえれば、「絶対無の場所」というものが、主観の奥にある「述語的場所」から、人間と世界とを関係づける「媒介的場所」へと変わったのである。

その後、西田はこうした方向にみずからの哲学を徹底させ、次々と論文集を刊行していく。『哲学論文集・第一』（一九三五年）、『哲学論文集・第二』（一九三七年）、『哲学論文集・第三』（一九三九年）、『哲学論文集・第四』（一九四一年）、『哲学論文集・第五』（一九四四年）、『哲学論文集・第六』（一九四五年）、『哲学論文集・第七』（一九四六年、没後刊行）がそれである。ただし、『哲学の根本問題』以降の論文集においては、基本的な考え方は共通しているので、以下はこれらを一括してみていくことにしたい。

†世界に作られ世界を作る

『哲学の根本問題』以降、西田は人間の最も具体的なあり方を、意識ではなく「行為」というものに求めるようになる。そして、人間が世界の本質を知るのも、「行為」を通してであると考える。そのことを西田は、「働くことが見ること」とか「働くことによって見る」といった言葉で表現している。この場合、「働くこと」とは人間の「行為」を意味しており、「見ること」とは世界の本質について直観的に知ることを意味している。つまり西田は「働くこと」＝「行為」と、「見ること」＝「直観」とを、一つの働きとして考えようとしたのである。

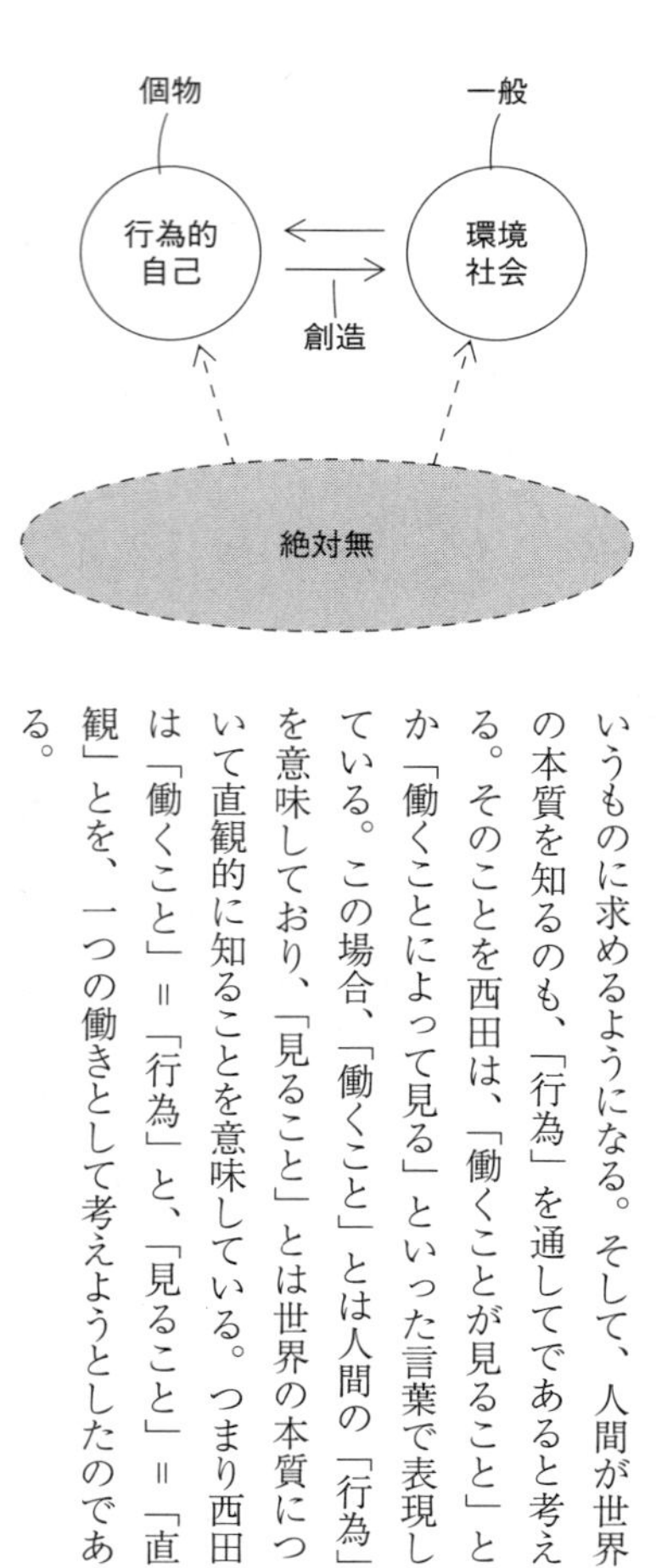

それを西田は、「行為的直観」という言葉でも表現している。「行為的直観」とは「行為」が「直観」を生み、「直観」が「行為」を生むということである。「行為」が「直観」を生むというのは、「行為」によって世界に働きかけることによって、はじめて世界の本質が理解できるということである。それは世界を外側から対象的に観照するのではなく、世界の内側に入り込んで理解しようとする立場である。また一方、「直観」が「行為」を生むというのは、世界の本質を理解することが、私たちを「行為」へと駆り立てるという

ことである。西田によれば直観とは、「我々の行為を惹起するもの、我々の魂の底までも唆すもの」なのである。それは世界の認識が、「行為」と結びついた実践知であることを意味している。

以上のように、西田が人間の本質と考えた「行為」とは、さらに具体的にいえば「作る」ことであるという。ただしその場合、「作る」とは自己から世界に対する一方的な働きかけを意味するものではない。自己は世界を作るが、さらにまた自己は、自己によって作られた世界によって作られていく。自己と世界とは「作る」という行為を通して無限に循環しているのである。それを西田は「作られたものから作るものへ」という言葉で表現している。普通に考えれば、「作られたもの」とは環境を、「作るもの」とは自己を意味する。しかし西田にあっては、「作るもの」としての自己は、環境によって「作られたもの」でもある。その意味では「作られたもの」が自己であり、「作るもの」が環境をあらわしているともいえるのである。同じことを西田は、よりストレートに「主体が環境を形成し環境が主体を形成する」という言葉によっても表現している。

このように「作る」という働きを通して、自己は「世界を自己の中に映」しだし、世界全体を集約的に「表現」しているのだと西田は考える。このように自己が世界を映しだすという考え方は、ライプニッツのモナド論に似ているが、モナドのように「知的」に世界を映しだすのではなく、あくまでも「作る」という働きを通して世界を「表現」するのである。

また西田によれば、こうした「作る」という働きは、世界を形成することであると同時に、自己自身を形成することでもあるという。それを西田は「ポイエシス」即「プラクシス」などといい表している。「ポイエシス（制作）」とは物を作ることであり、外界を変えることである。一方「プラクシス（実践）」とは自己が自己となる働きのことであり、自己自身を作っていくことである。これら両者は、通常はまったく異なった方向への働きである。しかし西田は、両者が矛盾しながらも同一の働きであると考えるのである。つまり人間は物を作り、外界を変えていくことを通して、自己自身を形成していくものであるというのである。したがって、「プラクシス」も「ポイエシス」の一種、すなわち「我々の自己そのものを作るポイエシス」であるというのである。

†精神としての身体

西田は、こうした「作る」という働きを、より具体的にとらえようとして、「身体」や「道具」というものにも注目している。『善の研究』ではほとんど身体には言及されていないし、その後も西田哲学は意識を底へ底へと掘り下げていったため、身体は問題にならなかった。しかし「作る」ことや、「ポイエシス」ということが西田哲学の中心的な概念となったとき、身体もまた重要な意味をもつようになったのである。

いうまでもなく人間が物を「作る」のは、意識や観念によってではなく、身体によってである。西田の身体論の特徴は、人間の身体を、物を「作る」という働きからとらえようとした点にある。西田によれば人間の身体は、「生物的身体」・「生命的身体」ではなく、「制作的身体」・「歴史的身体」であるという。「生物的身体」・「生命的身体」では、身体が環境から限定されているだけであって、まだ環境から独立していない。身体がまだ真に主体的でなく、創造的でないのである。それに対して「制作的身体」「歴史的身体」では、主体が環境に作られながらも、逆に創造的に環境を作っていく。たとえば、手というものを考えてみよう。動物にとって手とは、他の器官と同様にただ生理的機能を果たすだけのものである。しかし、人間の手はそれだけではなく、制作的機能をも果たす。人間は手によって外界に働きかけ、環境を変化させ、物を制作するのである。

また西田は、精神と身体とをデカルトのように二元論的に捉えない。西田によれば身体自体が、主体であると同時に客体、精神であると同時に道具なのだという。

まず、身体は行為における主体であり、精神でもあるという。西田は分析とか総合といった知的な能力も、手で分けたり、つかんでまとめたりという働きから生じたと考える。

しかしまた同時に、身体は客体であり、精神の道具でもあるという。動物と違って、人間は自己の身体を対象としてみることができる。そのことによって、人間は身体を道具とすることができるのである。このように身体は、二重の意味をになった存在であると西田は考えるのである。

†創造的世界の構造

以上、人間の最も具体的なあり方としての「作る」という働きを、自己と環境との作り作られる関係というものに即してみてきたが、西田はそうした考え方をさらに拡げ、自己と環境とを含めて「世界」全体が創造的であり、「ポイエシス」的であると考えるようになる。

もちろん「世界」全体の創造的働きは、個々の主体の創造的行為なくしては考えられない。しかしまた同時に、個々の主体の創造的行為は、その背景にある「世界」全体の創造的働きに基づくことなくしては成立しないと考えるのである。その意味で西田は、個々の主体を「創造的世界の創造的要素」とよぶ。

こうした「創造的世界」のあり方を、西田は「個物的限定即一般的限定、一般的限定即個物的限定、個物と個物の相互限定即一般者の自己限定」という三つのテーゼによって説明している。ここでは、「個物」という言葉も「一般者」という言葉も、西田独自の意味で使われている。「個物」とはこの場合、「行為的自己」としての個々の主体を意味し、「一般者」とは環境や社会、あるいは広く「世界」全体を意味している。また「限定」とは、個々の主体や「世界」全体が、創造的行為を通して自己や世界を形成していくことを意味している。したがって、「個物的限定即一般的限定」とは、個々の主体が「作る」という働きを通して自己を創造していくことが、結局は「世界」全体を創造していくことになるということを意味している。また逆に「一般的限定即個物的限定」とは、「世界」全体が「創造的世界」として働くことが、結局は個々の主体の創造的行為をうながしていくことになるということを意味している。また「個物と個物の相互限定即一般者の自己限定」とは、個々の主体相互の働きかけあいが、「世界」全体の創造的行為となっていくということを意味している。

西田は、こうした「個物」と「一般者」との関係を、「一即多」と「多即一」という言葉でも表現している。この場合、通常「一」は「世界」全体を、「多」は主体的「個物」を意味している。ただし、場合によってはまったく逆に、「一」を主体的「個物」の意味に、「多」を「世界」全体の意味で使うこともある。前者は「世界」全体を俯瞰的にとらえた場合の使い方であり、後者は一つの主体に視座をすえた場合の使い方なのであろう。

しかし、いずれの場合においても、今まで述べてきたような意味での「個物」と「一般者」との相即的な関係が考えられているのである。

以上、完成期における西田哲学についてみてきた。そこでは、環境や社会と主体的人間との相互交渉における「行為」というものが中心に考えられ、「行為的直観」「ポイエシス」「身体」「創造的世界」といったダイナミックな概念が次々に登場してきた。いちいち指摘することはしなかったが、そうした概念のいずれにおいても、その根底に「絶対無」の働きが想定されていたことはいうまでもない。それは何度も述べたように、西田が「絶対無」というものを、主観と客観との双方の働きかけを可能にする「機能」としてとらえようとした努力の結果であった。

そうした「絶対無」のあり方を、西田は「絶対矛盾的自己同一」とよぶ。西田において「絶対矛盾的自己同一」とは、まず「個物」と「一般者」、あるいは「一」と「多」との関係に関していわれる。「個物」と「一般者」、「一」と「多」とは、絶対に矛盾した存在でありながら、しかも先にみたように、ともに同一の場において相互に関係をもって働きあっている。そうしたあり方がなぜ可能かといえば、「個物」も「一般者」もともに「絶対無」においてあるからだという。「絶対無」とは、まずもっては「個物」も「一般者」もともに絶対的に否定する力である。しかし、同時に「絶対無」は否定を通してそれらを真に肯定し活かす力でもあるという。「個物」も「一般者」も「絶対無」に否定されることによって他と関係し、「絶対無」に肯定されることによってその独自性を発揮する。そうした「絶対無」の、同一でありながら矛盾した働きが「絶対矛盾的自己同一」の究極的な意味なのである。

†「心霊上の事実」としての宗教

こうして西田は、矛盾をふくみながらも相互に関係しあう世界を成り立たせる働きとして「絶対無」をとらえようとしたのであるが、しかし、そうした場合でも西田の「絶対無」には、最後まで宗教的性格が強く存在した。そのことは、西田の最後の論文「場所的論理と宗教的世界観」(一九四五年)をみるとよく理解できる。

この論文で、西田は宗教とは何かを論じている。西田はまず「自己の体系の上から宗教を捏造する」ことや、特定の固定した「宗教的教義」によって宗教をとらえることを批判し、宗教というものが、あくまでも通常の人間が体験する「心霊上の事実」であると考え、哲学者の仕事はその事実の構造を解き明かすことにあるとする。

西田によれば、宗教というものは、自己の根本の愚かしさ、自己の根源の悪、深い自己矛盾、あるいは死などを自覚したときに問題となる。そうしたとき、個人の絶対の無力が自覚され、そこから自己が否定され、「絶対者」に目が向けられるのである。しかし、それによって自己が消えてしまうわけではない。逆にそうした「絶対者」に対することによって、かえって真の自己が自覚されるのである。自己と「絶対者」との、こうした関係を西田は「逆対応」という言葉でよんでいる。

では、その場合の「絶対者」とはどのようなものであろうか。「絶対者」というものが、相対的存在としての人間に対して、なんらかの意味において対象として立ち現れるようなものであるならば、それは人間に対する「相対」者であって、文字通りの「対」を絶した「絶対」者とはいえない。しかし、かといって単に「対」を「絶」しただけでは、今度は相対者と具体的な関係をとり結べなくなってしまう。西田によれば、そこには「絶対者」そのものの自己矛盾があるという。真の「絶対者」は相対者を包み込みながらも、同時に自己自身を否定して自己を相対的存在へと限定するものでなければならない。西田によれば、そうした真の意味での「絶対者」とは、「絶対矛盾的自己同一」としての「絶対無」以外にはないという。

キリスト教では、神は、自己を超えたところに、自己と対立して存在するものとする傾向が強い、と西田はみる。それは「絶対矛盾的自己同一」のなかの「絶対矛盾」の側面を強調して「絶対者」をとらえたものであるという。それに対して、仏教の説く阿弥陀仏などは、どこまでも人間を包み込むものと考えられ、「絶対矛盾的自己同一」のなかの「自己同一」の面が強調されている。しかし、キリスト教も仏教も結局は、「絶対矛盾的自己同一」という同じ宗教体験の構造を、それぞれ別の角度から明らかにしたものであるという。そのため両者は一長一短をもっており、互いに相補うべき関係にあるのだと西田は考える。ここには、多様な宗教の共存への西田の願いが込められているのではなかろうか。

以上が論文「場所的論理と宗教的世界観」の内容であるが、このように西田が宗教を正面から扱った論文を最後に書いていることを考えると、彼の宗教への志向がいかに強いものであったかが理解できるであろう。

さて、最後に西田の晩年の出来事に若干触れておこう。一九三五（昭和一〇）年、西田は文部省教学刷新評議会の委員となる。しかしメンバーなどに不満があり、会には熱意をもてなかったという。一九三七（昭和一二）年には、京都帝大時代に西田から教えを受け、その後も交流のあった近衛文麿が首相に就任する。西田は「近衛君も遂に引き受けましたね。……文教方面の事は今日の日本の如き状態では一時致方もないかも知れぬがせめて積極的に偏狭の方へ走らぬ様消極的態度だけでも望ましいとおもいます」（「原田熊雄宛書簡」）と語っている。なお、一九四〇（昭和一五）年には文化勲章を受章している。

日本各地で空襲が激しさを増す一九四五（昭和二〇）年の六月七日、西田は日本の敗戦をみることなく鎌倉で尿毒症のため逝去する。享年七五歳であった。

おわりに

以上、西田において「無」の哲学がどのようにして生まれ、どのようにして展開してきたのかを追いかけてきた。西田は西洋のさまざまな形而上学的原理に基づく哲学を、根拠のない独断的なものとして批判し、「無」の哲学を打ち立てたのである。

ただしその西田も、「有」の哲学から完全に抜け出ることはできなかった。というのは、彼の場合「無」というものが逆に新たな形而上学的原理となってしまう危険性を絶えずもっていたからである。そうした批判は同時代の哲学者からも受けていたし、西田自身も気づいていた。そこで西田は、「無」を世界の奥に鎮座する形而上学的な実体としてではなく、具体的な現実における人間と世界との動的な関係を成り立たせる働きとしてとらえ直そうとして悪戦苦闘を続けた。

しかし、彼の最後の論文「場所的論理と宗教的世界観」が如実に示すように、西田の「無」は、その形而上学的傾向や宗教的性格を完全に払拭することはなかったといえよう。

それは西田哲学の限りない魅力であるとともに、見方を変えれば何ものをも前提としてはならない「哲学」本来の立場からすれば大きな限界ともいえよう。

これから論じる田辺元、和辻哲郎、九鬼周造、三木清らは、西田の「無」の哲学を継承しながらも、その限界をそれぞれの角度から乗り越えようとしたのである。

第二章 田辺元――「行」じられるものとしての「無」

TANABE Hajime, 1885-1962

「無を観るとは無を悟ることでなければならぬ。しかし無を悟るとは無としてはたらくことの自覚であって、無を直観することであってはならぬ。自己が無になりかえって現実即自己として行為することを外にして、無を悟り、その意味において無を観る、ことはできない。正当には無は観ぜられるものでなく行ぜられるものである。」

（「種の論理の意味を明にす」）

はじめに

田辺元は、西田がみずからの後継者として、京都帝国大学の哲学科に招聘した人物である。事実、田辺は西田の「絶対無」の哲学を受け継ぎ、多くの優秀な研究者を育て上げた。その意味で、京都学派は田辺によってその発展の基礎が築かれたといえよう。

しかし、田辺は西田の「絶対無」の哲学をそのままの形で受け容れたわけではない。一方で、早くから西田哲学に対する批判も展開している。その批判は執拗を極め、最後までやむことはなかった。

田辺の西田批判の中心は、西田の「絶対無」の哲学が「発出論」であるという点にある。田辺によれば、西田は「絶対無」というものを自己の哲学の根底におき、世界をその「自己限定」によって成立しているものと考えた。そのように究極の存在を前提において、他のすべての存在をそこから「発出」したものと考えることは、世界からその自立性を奪うものである。しかも、西田にとって「絶対無」は、「直観」によって一挙に把握しうるものとされているが、それは究極のものを論理によってどこまでも追求しようとする「哲学」本来の営みの廃棄でしかないと批判する（もちろん、田辺の西田批判が一面的なものであることは前章から理解されるであろう）。

そして、こうした西田哲学に対して、田辺は「絶対媒介」の哲学を説く。AとBとが対立しながらも、しかも互いに相手の存在がなければ自己の存在もないという形で共存しているとき、AはBによって「媒介」され、BはAによって「媒介」されているという。そこではAもBも完全に独立自存ではなく、相互に相手に制約されている。このようにして、すべての存在は例外なしに他の存在との「媒介」関係にあるとするのが、田辺の「絶対媒介」の哲学である。

したがって、田辺の哲学においては、無条件に定立されるものは何も存在しない。定立されたものは、必ず反定立をよび起こし、しかも両者は対立しながらも「媒介」関係においてある。田辺は、そうした対立したものの統一を探るのが哲学であるとして、その方法として最もふさわしいのは「弁証法」であると考えた。

ただし、田辺は従来の「弁証法」では満足しなかった。なぜならば、ヘーゲルの「観念弁証法」は「精神」というものを、マルクスの「唯物弁証法」は「物質」というものを、それぞれ無媒介な究極者として前提としているからである。それに対して田辺は、「絶対弁証法」というものを説く。それはどのようなものであろうか。

相互に対立しながらも「媒介」し合うものを統一するもの、すなわち「対立の統一」をもたらすものは、もはやAやBと同じ次元のもの、すなわち「精神」や「物質」といった「有」なるものではなく、いうなれば「無」なるものでなくてはならない。しかも、この「無」は、単純に「有」を否定するだけのものではなく、否定しながらも同時に「有」を活かし関連づけるものでなければならない。その意味で田辺はそれを、単純な「無」ではなく「絶対無」とよぶ。

しかも、こうした「絶対無」自体、無媒介に存在するものではなく、「有」との「媒介」関係においてである。すなわち、現実世界は「絶対無」の「媒介」なしにはありえないし、逆に「絶対無」の方も現実世界の「媒介」なしにはありえないのである。したがって、こうした「絶対無」は、西田のそれのように「発出論」を生み出すようなものとはならないと田辺はいう。

以上のような「絶対無」に基づく弁証法を、田辺は「絶対弁証法」とよぶのである。「絶対弁証法」においては、「絶対無」を基に「対立の統一」をもたらすものは、具体的には「精神」と「物質」との双方を「媒介」する「行為」であると田辺はいう。田辺の弁証法は、「観念弁証法」のように思惟の論理によるものでも、「唯物弁証法」のように物質の運動法則によるものでもなく、「絶対無」を基盤においた人間の主体的な道徳的・歴史的

「行為」によるものなのである。前章でもみたように、田辺の影響もあって、西田も晩年「行為」を強調したが、田辺によれば、それは最後まで観念的なものでしかなかったという。

「絶対無」は、現実における人間の道徳的・歴史的「行為」を通して、少しずつ現成するものである。したがって、そこには無限の継続が必要となる。その意味で、田辺の「絶対媒介」の哲学は、人間の有限性に徹した「行為」の哲学、「行(ぎょう)」の哲学ともいえよう。

1 カントの目的論

†科学と哲学の間で

田辺元は一八八五(明治一八)年、父・新之助、母・エイの長男として、東京の神田猿楽町に生まれた。田辺家は代々佐賀藩の儒学者を務めた家で、父・新之助も漢学者、書家であり、また東京開成中学校、鎌倉女学校の校長を務めた教育者でもあった。元には二人の弟と、四人の妹がいた。次男の至(いたる)は洋画家となる。

田辺には、その性格から服装の趣味に至るまで江戸っ子気質が流れていたともいわれ、京都の地は最後までなじめなかったようだ。江戸っ子といえば、後に論じる東京芝の生まれの九鬼周造もそうであるが、九鬼の場合には特に美的側面にそうしたものが表れているのに対して、田辺の場合には、その厳格で潔癖な性格が江戸っ子的であったといえよう。ただし、田辺にはその峻厳な性格の奥に、強い情念が伏在していたともいわれる。高橋里美が指摘しているように、「自己のセンチメンタリズムを自覚してこれを超克するために、「道徳的ゾルレンのかたい鎧」で身を固めていたのかもしれない。

田辺は、一九〇一（明治三四）年、城北中学（後の東京府立四中）を抜群の成績で卒業し、第一高等学校理科に入学する。一九〇四（明治三七）年、東京帝国大学理科大学数学科に入学するが、翌年、文科大学哲学科に転科する。その理由は、「自己の科学者たる能力に対する自信の喪失と、自己内心の抑えがたき要求」によるものだという。ただし、田辺の哲学の出発点は科学哲学であった。

一九〇八（明治四一）年、大学を優秀な成績で卒業し、同大学院に進む。一九一二（明治四五・大正元）年、二七歳で大学院を退学し、翌年東北帝国大学理学部講師に就任する。そこで「科学概論」の最初の担当者となる。

彼はこの後、『最近の自然哲学』（一九一五年）、『科学概論』（一九一八年）、『数理哲学研究』（一九二五年）などの科学論の著作を相次いで出版している。「この三書は我が国に於ける最初の科学哲学」（下村寅太郎）ともいえるものであり、特に『科学概論』は唯一の組織的な科学哲学の書として版を重ねることになる。

その内容は、基本的には当時主流であった新カント派の批判哲学に基づくものであり、科学的認識の可能根拠とその限界を明らかにしようとするものであった。しかし、田辺はそうした認識論的立場に終わることに満足できずに、「我のうちに働く限りの実在」というものの直観体験を基にした形而上学にまで到ろうとしている。その際影響を受けたのが、その頃出された西田の『自覚における直観と反省』であった。そう考えると、田辺の哲学には最初から西田の大きな影響があったといえよう。

一九一六（大正五）年、東大時代の友人であった安倍能成（よししげ）夫妻の媒酌によって、芦野（あしの）敬三郎の次女ちよと結婚する。新婦は、華厳の滝に投身した藤村操（みさお）の従妹に当たる。なお、安倍能成の妻は操の妹・恭子である。

一九一九（大正八）年、三四歳のとき、西田幾多郎の招きにより、京都帝国大学文学部助教授に就任する。西田の招きに対して、田辺は当初、「当地出身者の途を塞ぐ恐れなきか」と心配するが、それに対して西田は、「京都大学は京都の京都大学にあらずして日本の京都大学なることを考えていたいと存じおり候」と答えている。このとき、東北大学は海外留学を条件に引き留めようとしたが、田辺は西田のほかにわが師なしとして赴任したという。

田辺は着任以降、「三十余年の京都生活において京見物をされたことなく、大阪に行きしことなく、大学人以外と交わられしことなく、いわば病毒を避けるように世間を避け」（相原信作）て、研究生活に専念することになる。

一九二二（大正一一）年、文部省在外研究員としてヨーロッパに留学する。初めベルリン大学で新カント派のアロイス・リールについて学ぶ。リールから、さらにハイデルベルク大学で新カント派の中心的哲学者リッケルトについて学ぶように勧められるが、しかし田辺はフライブルク大学に移ってフッサールに学び、ハイデッガーと交わる。というのも、この時期、ドイツ哲学の趨勢が次第に新カント派から離れ、生の哲学や現象学に向かっていることを察知したからである。

ただし、田辺自身の研究が、直ちにそうした方向に向かったわけではなく、彼の仕事の中心は、しばらくはカント研究にあった。

†目的論への関心

田辺は、留学から帰国する船中で、カントの『判断力批判』を熟読したというが、帰国した一九二四（大正一三）年、カント生誕二〇〇年に当たることもあって、『カントの目的論』を出版する。

この書で、田辺はカントの目的論に注目し、カント哲学の到達点が目的論にあるとしている。ただし、田辺によれば、カントの目的論は彼自身においても完全には完成されておらず、この書はカント哲学に沿いながら、田辺自身の考え方を述べたものであるという。つまり、「現にありしカントよりもむしろ当にあるべかりしカント」をめざしたものであり、「実はカントの思想を通じて、私自身の目的論に関する考を展開した」のだという。

田辺は、カントの説いた「合目的性」を、主に「形式的論理的合目的性」、「実質的内面的合目的性」、「自覚的合目的性」の三つに分けて論じている。

まず、「形式的論理的合目的性」についてみてみよう。

カントによれば、自然科学においては、多様な自然法則はばらばらに存在するのではなく、特殊なものから次第に普遍的なものへと、一つの秩序ある系統を形作っているはずだという「理念」が想定されている。自然科学が、帰納法によって、次第により一般的な法則を発見していこうとするのは、自然がこうした「理念」の統制によって構成されていると考えるからである。そこには自然を「合目的性」という観点からとらえようとする姿勢がみえる。

ただし、カントによれば、それは自然そのものがそうした「合目的性」をもっているということではなく、あくまでも我々が自然をそのように認識しようとしていることを意味しているにすぎない。これをカントは、自然の「形式的論理的合目的性」とよぶ。「形式的」とは、その「合目的性」が、対象そのもの（＝「実質」）に関わるのではなく、対象を統一させようとする我々の意識の作用（＝「形式」）に関わるということを意味している。また、それが認識対象の論理的統一に関わるので、「論理的」とよばれるのである。

次に、「実質的内面的合目的性」についてみてみよう。

先の「形式的論理的合目的性」は、人間の認識主観が与える「合目的性」であるため、「形式的」とよばれていたのであるが、「実質的内面的合目的性」とは、自然がそれ自身において有している「合目的性」であるため、「実質的内面的」（この場合の「内面」とは自然の「内面」という意味）とされている。

カントは「実質的内面的合目的性」をもった自然として有機体というものをあげている。有機体は、類の維持においても、個体の成長においても、部分相互の依存関係においても、自己自身の原因であるとともに結果でもある。例えば、一本の木は同じ類の他の木を産出することができる。そこでは、一本の木は同じ類の他の木の原因となるのであるが、同時に自分自身が同じ類の他の木から生まれた結果でもある。また、一本の木は自分自身の力で自分自身を形成して成長していく。そこでも一本の木は自己の原因でもあり結果でもある。さらに、一本の木は枝や葉など各部分が相互に依存することによって成り立っている。そこでは各部分が相互に原因であり結果である。以上のような有機体のあり方は、一方的な原因から結果へという自然科学的な機械的因果論だけでは説明できないものであり、カントによれば、そこに目的が存在するかのようにみえる。カントは、こうした有機体のような存在を「自然目的(Naturzweck)」とよぶ。

さて、最後に「自覚的合目的性」についてみてみよう(この「自覚的合目的性」という言葉だけは、カントにはない田辺の造語である)。

カントは「自然目的」として有機体をあげたが、しかし、その場合の目的とは、個々の有機体に関するものであり、自然全体に関するものではない。それでは、自然全体を一つの目的の体系として考えることはできないのであろうか。自然全体の「形式的論理的合目的性」についてはすでにふれたが、ここで問題にしているのは、そうではなく、自然全体の「実質的内面的合目的性」のことである。

カントは、自然全体の「実質的内面的合目的性」に根拠を与えるものを、先の「自然目的(Naturzweck)」と区別して、「自然の目的(Zweck der Natur)」とよぶ。それは、一切の自然の制約を離れて自由に目的を設定することができ、しかもそれに従って因果の連鎖を作り出して、自然を手段として使うことができる存在のことである。カントによれば、そうした存在があるとすれば、それは「人間」のみであるという。ただし、その場合の人間とは、「道徳」の主体としての人間である。なぜならば、人間は「道徳」の主体となることによってのみ、外的自然に関しても、無限の欲望としての内的自然に関しても、その制約から脱することができるからである。そうした「道徳」の主体としての人間が、その終局目的のために、外的・内的な自然を手段として使う場合、カントはそれを「文化」とよぶ。このように、「道徳」の主体としての人間が「文化」の創造をめざす限り、自然は最高目的によって統一された目的の体系となるというのだ。

以上のような意味で、カントは「文化」を創造する「人間」のみが「造化の最後の目的」、「自然の最終目的」となりうるとする。そこに、自然全体の「実質的内面的合目的性」といえるものが成り立ち、目的論が最終的に完成する。そうした意味での「合目的性」を、田辺は「自覚的合目的性」とよぶ。それは、人間が「道徳」の主体となることによって初めて「自覚」される「合目的性」だからである。

こうした自然全体の「実質的内面的合目的性」を考えることができるのは、カントによれば、「直観的悟性」というものの働きによってである。通常、「悟性」とは、ただ与えられた特殊を自己のうちに包摂するだけであって、それとは逆に、まず普遍を直観して、そこから特殊を自発的に考え出すことはできない。もし、そうしたことが可能であるならば、それは「直観的悟性」とよばれるものであるとカントはいう。こうした「直観的悟性」は、認識の立場においては完全に実現することはできないが、「道徳」的実践においては機能しうる。もし「直観的悟性」を神の立場とするならば、人間は道徳的自由を実現する程度に応じて神と精神を一つにするともいえよう。つまり、「自覚的合目的性」の立場に立つ限り、我々は神性をみずからの内に宿すことになるのである。

また、田辺によれば、自然の上に新しい意味を創造する「文化」の建設は、理想の協同体としての「目的の王国」を実現することでもある。ただし、それは一挙に完成するものではなく、現世の「歴史」の過程を通して、あくまでも「極微」的に進行するだけであるという。

以上のように、「自覚的合目的性」においては、「道徳」と「宗教」と「歴史」の三者が不可分の関係で結ばれることになる。

†意志の弁証法

これまで述べてきた「形式的論理的合目的性」、「実質的内面的合目的性」、「自覚的合目的性」の三者の関係を、田辺は「意志のディヤレクティク（弁証法）」という概念によって整理している。

自然の「形式的論理的合目的性」は、科学的認識の問題であるから、意志とは無関係のようにみえる。しかし、田辺によれば、そこには人間の「認識せんとする意図」がみられるという。それは、「意志のディヤレクティク」の「即自」の段階である。

それに対して自然の「実質的内面的合目的性」とは、認識主観が一度自己を捨てて、対象の有機体というものに即してみたとき、その有機体自体が目的をもって働く意志の所産であるかのように見えてくるという立場のことである。「意志のディヤレクティク」でいうならば、「即自」から「対自」に移った段階である。

そして、さらに「自覚的合目的性」では、意志は再び自己のもとに戻り、自己の外にある自然において、自己の「合目的性」を自覚する。それは、「意志のディヤレクティク」においては、「即自」にして「対自」の段階であるという。

以上が『カントの目的論』の概要であるが、そこには、その後の田辺哲学の萌芽が出そろっているといってもよい。カントの哲学を「意志」という観点から体系づけようとする考え方は、後の田辺哲学の「行為」の立場を先取りしているといえる。また、田辺は後にヘーゲルから学んだ弁証法を自己の哲学の中心にすえるようになるが、ここでもすでに「意志のディヤレクティク（弁証法）」というものが語られている。

こうした「意志」や「行為」というものは、後の田辺哲学では「絶対無」の働きというものを根底におくようになる。ここでは、まだ「絶対無」という概念は登場していないが、「道徳」と「宗教」との不可分性というところに、そうした着想の先駆けがみられる。

2 ヘーゲルの弁証法

†ヘーゲルへの関心と西田批判の始まり

一九二七(昭和二)年、田辺は四二歳のとき、京都帝国大学文学部教授に就任し、翌年西田が停年退官すると、哲学科の主任教授となる。

この頃から田辺は、関心をカントからヘーゲルに移していく。すでに『カントの目的論』で「意志のディヤレクティク(弁証法)」という考え方を示していたことからも明らかなように、田辺の哲学はもともとカントからヘーゲルに近づくべき必然性をもっていた。

ただし、田辺がヘーゲルに関心をもつようになった直接のきっかけは、当時におけるマルクス主義の興隆であった。すでに前章でもみたように、西田の弟子のなかにも、マルクス主義に同調するものが少なからず現われた。そうしたなかで、「急速に大学の学生間に勢力を有し来った唯物弁証法が、一部無批判なる人々にはあたかも魔術の棒の如く万能の論理と信ぜられ」ているのを危惧し、マルクス主義の根本にある弁証法というものを解明しようとしてヘーゲル研究に向かったのである。そうした事情もあって、当初ヘーゲルに対して、田辺は必ずしも肯定的ではなかった。

田辺は、一九二七（昭和二）年から一九二九（昭和四）年にかけて論文「弁証法の論理」を書くが、この論文でヘーゲル弁証法の特色として、1 総合性、2 否定性、3 実在性、4 発出性の四つをあげている。以下順次その内容をみてみよう。

1の総合性とは、弁証法においては、相矛盾する二つの命題が第三の命題において総合されることを意味する。ただし、弁証法はそれまでの形式論理を廃棄するものではなく、かえってそれを含む一層具体的な論理であるとされる。

2の否定性とは、弁証法においては、どのような定立も必ず否定されて反定立を呼び起こすことを意味している。この定立と反定立とは総合されるのだが、その総合には再び反定立が生まれる。したがって、弁証法では、否定と総合とが無限に繰り返されることになる。こうした考え方は、後の田辺の「絶対媒介」の哲学につながっていく。田辺によれば、こうした無限の進行は、特に「意志」の世界において現れるというが、そこには、弁証法と「行為」を結びつけようとする田辺の考え方の萌芽がみられる。

3の実在性とは、弁証法が単に思惟の論理にとどまるものではなく、実在そのものの発展の内面的な理法であることを意味している。しかし、田辺によれば、論理と実在との一致を完全に認識することは有限な人間には不可能であるという。

4の発出性の意味については、最初の西田批判のところですでに触れた。実は、この「発出論」批判は、当初はヘーゲルに対して向けられたものだったのである。

以上のように、田辺はヘーゲルの弁証法の特色を四つにまとめているが、1、2に関しては肯定的であるが、3、4に関してはむしろ批判的であるといえよう。

一九三〇（昭和五）年五月に、田辺は論文「西田先生の教を仰ぐ」を発表する。西田批判が始まるのはこのときからである。西田はこの年の一月に『一般者の自覚的体系』を出しているが、そこでは、「絶対無の場所」の「自己限定」として、一般者の諸段階とそれにおける諸存在をとらえていた。田辺は、そうした考え方を、一種の「発出論」的構成であるとして批判する。「最後の不可得なる一般者を立て、その自己自身による限定として現実的存在を解釈することは、哲学それ自身の廃棄に導」くものであるというのである。

西田の方も、この批判を受け容れ、この後の『無の自覚的限定』（一九三二年）以降では、現実の矛盾対立を含んだ「歴史的社会的世界」の解明へと大きく踏みだすことになる。ただし、田辺による西田批判はその後もやむことはなかった。

†絶対弁証法

一九三一(昭和六)年は、ヘーゲルの没後百年に当たることもあって、この年、田辺はヘーゲルに関する論文を次々に発表する。そして、翌年それらをまとめて『ヘーゲル哲学と弁証法』として出版する。先に触れたように、当初田辺はヘーゲルに対して半ば批判的であったが、この頃から次第にその哲学を評価するようになると同時に、弁証法というものを自己の哲学の中核にすえるようになっていく。田辺は、そうした自己の弁証法を「絶対弁証法」とよんでいる。

「絶対弁証法」という概念が最初に登場するのは、論文「ヘーゲル哲学と絶対弁証法」である。そこでは、「精神」を原理とする「観念弁証法」でもなく、「物質」を原理とする「唯物弁証法」でもない、第三の原理に基づく「絶対弁証法」というものが説かれている。

第三の原理とは、後に「絶対無」とよばれるもののことであるが、この論文では、まだその概念は登場しておらず、通常の観念論が原理とする「精神」とは位相の異なる勝義の「精神」としての観念論的原理のことであるとされている。その意味で、「絶対弁証法」によって構成される哲学上の立場は、「絶対観念論」といえるものだという。

そうした「絶対観念論」について論じたのが、論文「ヘーゲルの絶対観念論」である。この論文で田辺は、「観念論」というものが、まずフィヒテの「主観的観念論」から、客観的世界をも取り込んだシェリングの「客観的観念論」へと展開したとする。しかし、シェリングは主観客観を完全な無差別としてとらえ、両者に共通した絶対的同一性としての絶対者を立てただけであったという。ヘーゲルはその点を批判して「絶対観念論」を説いたが、そこでは、絶対者は主観であるとともに、主観を媒介とした客観でもあり、しかも両者の対立を止揚して両者の根底となるようなものであった。

ただし、田辺によれば、ヘーゲルには、「いわゆる発出論的有の弁証法を原理とする主観的観念論の残滓が存したことは否定できない」のであり、真の「絶対観念論」は、ヘーゲルの「観念弁証法」とマルクスの「唯物弁証法」との対立を超越止揚したものでなければならないとする。そして、そうした「矛盾の統一」としての弁証法は、「観想」的な意識の立場で実現できるものではなく、実践の立場、「行為」の立場によって初めて可能であるとしている。

しかも、こうした「行為」を媒介とした弁証法は、主観と客観との間だけではなく、人間と絶対者との関係にもあてはまると田辺はいう。つまり、主観と客観とを媒介する「絶対観念論」における絶対者というものは、客観的に認識できるものではなく、徹底的に人間の「行為」に即したものであり、常に「行為」を通してのみ、その根底において自覚されるものであるというのだ。田辺は、そうした絶対者を「絶対無」とよぶ。田辺が「絶対無」という言葉を使うのは、この論文が初めてである。いうまでもなく、これは西田哲学の概念を取り入れたものである。田辺は西田を批判しながらも、その最も重要な概念を自己のものとしているのである。

田辺は、一九三三(昭和八)年に『哲学通論』を出版する。ここで田辺は、みずからの「絶対弁証法」の立場を集大成している。

3 「種」の論理

†社会への関心

一九三〇年代半ばから、田辺は「種の論理」というものを構想するようになっていく。そこでは、「種」とは民族や国家を意味しているが、田辺が「種の論理」を構想するようになった理由は二つある。

一つは現実の歴史的社会からの要請である。一九三〇年代に入ると、日本をめぐる国際情勢は緊張の度を増していく。満州事変が一九三一（昭和六）年、満州国の建設、上海事変が一九三二（昭和七）年、国際連盟脱退が一九三三（昭和八）年である。そうした時代状況において、世界のなかで民族や国家はどのような意味をもっているのかを、田辺は改めて根本的に問おうとしたのである。

戦後の田辺自身の回想によれば、「種の論理」は「当時台頭しつつあった民族主義を哲学の問題として取上げ、従来私共の支配され来った自由主義思想を批判すると同時に、単なる民族主義に立脚するいわゆる全体主義を否定して、前者の主体たる個人と、後者の基体とするところの民族とを、交互否定的に媒介し」ようとするものであった。

もう一つは、田辺自身の哲学の内在的展開からくる論理的要請によるものである。これまで述べたように、一九三〇年代に入ると、田辺はヘーゲルの弁証法を評価するようになっていく。特に田辺の考えた弁証法は、すべての存在をそれのみで自立したものととらえず、対立するものとの「媒介」関係のなかでとらえようとするものである。

そうした観点からみた場合、従来の哲学では、「個」と「類」との関係のみが問題とされ、その間にある「種」に着目することがなかったと田辺は考えるようになる。「種」は「個」と「類」との中間に位置して、両者をまさに「媒介」するものである。したがって、

「個」と「種」と「類」の三者を考えることによって、田辺の「媒介」の哲学は一層徹底したものとなる。そして、それを田辺は「絶対媒介」の哲学とよぶようになるのである。一九三四（昭和九）年から翌年にかけて、田辺は論文「社会存在の論理」を発表するが、これが「種の論理」の出発点となるものである。以下、その内容についてみてみよう。

現代哲学の中心課題は、「社会」の原理探究でなければならないと田辺はいう。しかし、田辺によれば、これまでの「社会」に関する議論には、「種」の独自性に対する意識が欠けている。社会契約説からコントの社会学に至るまで、「社会」を扱った議論では、原子論的個人主義と人類社会における普遍的平等観とが表裏をなして共存しており、「個」（＝個人）と「類」（＝人類）とは融合調和をなすものとされ、両者の対立の契機が十分に考えられてこなかった。そこでは、「個」は普遍としての「類」を単に限定したものとされているにすぎない。したがって、「個」は「類」に対立する自発性をもたず、独立の存在である意味を失っている。また「類」の方も、「個」によって制限されることのない単なる抽象的普遍にとどまっている。

しかし、田辺によれば、実際には「個」と「類」とは、互いに相否定する対立の契機を有しており、「社会」というものは、そうした視点で考えなければならない。そのためには、「種」という概念に着目する必要性があるという。「種」と「個」と「類」とが、いずれもそれのみでは自立して存在せず、「種」を中心に三者が相互に媒介し合っている関係を考えることによって、初めて「社会」が説明できると田辺は考えたのである。それを田辺は「絶対媒介」の論理とよんでいる。先に触れたように、「絶対媒介」という言葉は田辺哲学の中核をなす概念であるが、この論文で初めて登場する。

田辺によれば、「種」とは「個」の「基体」となる直接的な統一体である。「種」の論理とは、レヴィ・ブリュールがトーテミズムの社会について分析した「分有の法則」に基づくという。つまり、そこでは「個」を全体へと一体化する強制力が働いているのである。そうした「種」を形成する意志を、田辺は「生命意志」とよぶ。

それに対して、「個」の論理とは、「種」の統一体に亀裂を入れる分裂・対立の論理である。それは「権力意志」に基づくものとされるが、ただし、ニーチェの説くような、「個」が他の「個」を単に支配しようとするものではなく、「種」の力を自己に奪い取り、自己実現の媒介にしようとするものであるという。つまり、「種」全体を独占して自己のために利用し、自己の権力支配を実現しようとするものが「個」であるというのだ。そうした意味で、「権力意志」は独占的排他性を特質とする。

田辺によれば、こうした「個」も「種」も、それぞれそれだけで存在しうるものではなく、相互に相手を媒介とすることによって成立しているという。すなわち、「個」は「種」

を「基体」とすることによって初めて成立しうるし、「種」もまた自己に対立し自己の統一を破る「個」を予想して成立している。

こうした「個」と「種」との相互媒介に、さらに「類」が加わる。「種」の直接的統一は、一度「個」相互の対立によって否定され解体されるが、「類」はその「個」の働きを再び否定して、新たな統一をもたらす。そのようにして達成された「類」による統一体を、田辺は「人類的国家」とよぶ。ただし、それは国家を解体した人類共通の世界政府といったものを意味するのではなく、従来の国家の枠組みを維持しながらも、その内実が「類」的理念によって統一されたもののことである。

そこでは、「個」は「類」に触れることによって、みずからの有限性を自覚し、それによって自己の帰属する「種」を「類」へと止揚しようと努力するようになる。そうした、人類の成員としての自覚をもつようになった「個」が形成する国家が「人類的国家」なのである。

以上のように、「類」は相対立する「種」と「個」とを動的統一にもたらすものである。そのために、「類」は「種」と「個」とを共にいったん否定し、新たに蘇らせる。「類」にそのような働きが可能なのは、それが「絶対無」を基にしているからであると田辺はいう。田辺は、そうした「類」には「種」と「個」とを共に救済しようとする「救済意志」が働いているとする。

このようにして、田辺は「個」と「種」と「類」との三者が相互に緊密に「媒介」し合う「絶対媒介」の哲学を構想したのである。

†「種の論理」の完成

しかし、やがて田辺は、論文「社会存在の論理」で展開した「種の論理」を修正するようになる。修正後の「種の論理」の決定版が、一九三七（昭和一二）年の論文「種の論理の意味を明にす」である。これによって「種の論理」は一応の完成をみせることになる。

田辺によれば、論文「社会存在の論理」では、一方で「種」の「個」に対する強制の側面が強調されすぎていたし、また他方で「個」の我性、すなわち「種」に対する否定的対立性が強調されすぎていたという。また「類」に関しても、歴史的現実を離れて、その理性的人類性の一面のみが強調されすぎていたこと、特に国家相互の国際関係などが問題にされていなかったことなどが反省されている。

その上で、論文「社会存在の論理」では、まず「種」が直接的統一体として、議論の最初に立てられていた点を田辺は特に問題にする。つまり、「絶対媒介」の哲学を説きながらも、実際には「種」というものが無媒介なものとして前提にされてしまっており、そこから議論が始まっているというのである。
　何か「媒介」されざる直接態を始源として立てなければ、思索は始まらないともいえるが、しかし田辺の説く「絶対媒介」の哲学は、絶対的な直接態の存在を容認せず、すべての存在をすでに「媒介」されたものとして措定しなければならない。
　そこで田辺は、「種」もまた本来的に「媒介」性を含んだものとしてとらえ直そうとする。そして、次のように「種の論理」を訂正する。すなわち、そもそも「種」は、最初から「類」によって「媒介」されたものでありながら、通常はそのことを忘れ、自己にして自己でないもの、自己から背き自己から離れたもの、つまり「自己疎外態」に陥っているというのである。 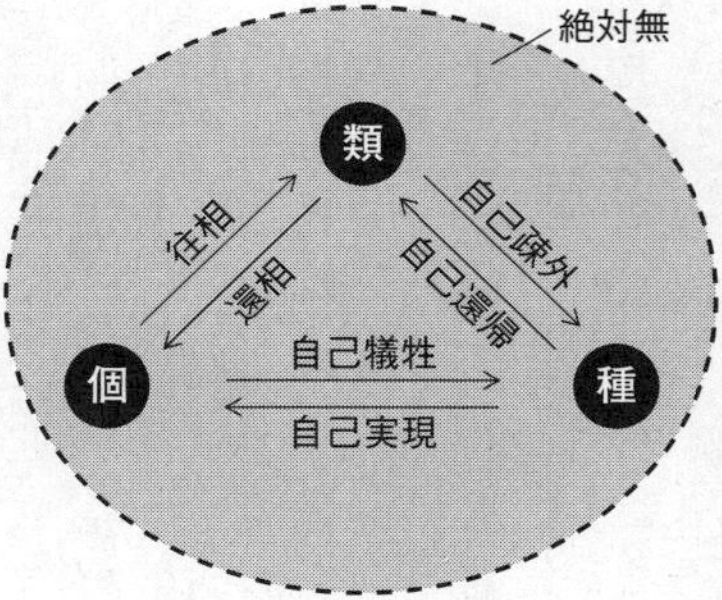
　具体的にいうと、「種」は本来は「類」に「媒介」されたものとして統一性をもったものであるが、通常はその「自己疎外態」として、内部に分裂・対立を含んだものとなっている。その分裂・対立は、論文「社会存在の論理」で考えられたように、「個」が「種」を否定することによって起こるのではなく、すでに「種」自身の

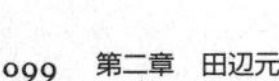

「自己否定」によって起こっているのである。

このように、「種」が最初から分裂・対立を含んだものであるとするならば、「個」というものも、論文「社会存在の論理」で考えられていたように、「種」と対立するものであることはできない。なぜならば、「種」がすでに分裂・対立を含むものである限り、「種」に対立する「個」といっても、その対立自体が、もともと「種」に含まれていたものだからである。

そこで、むしろ「個」は「種」を分裂・対立させるものではなく、かえって「種」の分裂・対立を統一回復させようとする働きなのだと田辺は考えるようになる。それは、いいかえると、「個」の「行為」を「媒介」とすることによって、「種」が「類」へと還帰するということである。「個」は、絶対的対立としての「種」が、「自己疎外態」であることを克服し、絶対的統一としての「類」に還帰する、その転換の「媒介」者なのである。そこでは、「個」は「種」のために自己を犠牲にすることによって、「種」を「類」へと高め、それによってかえって自己を実現する。その意味で、「個」には「自己犠牲即自己実現」という構造がある。

このように、「個」の働きを通して、人類的普遍性を獲得した国家のことを、田辺はこれまでと同様に「人類的国家」とよぶ。それは、「種」の各成員の自発的協力によって、

「類」的普遍性を実現した国家のことである。そこにみられる「類」の統一性は、自己の内部の成員を生かし、それぞれに独立性をもたせるものであると同時に、その成員がそれぞれにその所を得て、自発的に協力し合うものでなければならない。

田辺は、「個」の働きによって「種」が「類」に高められ、その結果「個」が「類」に触れることを「往相」とよび、またそれを通して「類」が「個」に降ってくることを「還相」とよんでいる。そして、この両者は相即しているのだとする。「往相」「還相」とは浄土教、特に親鸞が使う言葉である。田辺によれば、個体がその主体的行為を通して「絶対無」に帰入する方向が「往相」であり、逆に「絶対無」が個体の行為を通して現成し、個体相互の連帯を成り立たせる方向が「還相」なのである。「往相」「還相」は、やがて『懺悔道としての哲学』において主要な概念となっていくが、このように「種の論理」において、すでにその萌芽がみられるのである。

さて、以上のように考えることによって、「類」・「種」・「個」の三者が、それぞれいずれの一つも他の二つを、あるいはいずれの二つも残りの一つを「媒介」とする、いわゆる「絶対媒介」の関係が真に成立することになると田辺はいう。

以上、論文「種の論理の意味を明にす」の概要を説明したが、改めて「種の論理」がどのように修正されたのか考えてみたい。

まず、「種」というものを単なる統一体ではなく、分裂・対立を含んだものと考えることによって、よりリアルな形で「種」をとらえることができるようになったと思われる。それによって、内部に対立を抱えた現実の国家の問題が扱えるようになったし、そこから国家間の対立を扱う視点も開けてくることになる。

また、「種」を「類」へと止揚した「人類的国家」というものを考える場合も、その根底にある「種」が対立を含んだものである以上、「人類的国家」も単なる統一体ではなく、その個々の成員の自由を十分に認めたものであるということになる。

しかし、こうした修正によって、逆に新たな問題点も生じてしまっている。それは、「個」に関して、「種」を「類」へと高める働きばかりが説かれ、論文「社会存在の論理」で強調されていたような、その主我性の側面が触れられなくなってしまっていることである。この点は、後に『懺悔道としての哲学』で深く反省されることになる。

以上、田辺の「種の論理」の概要をふり返ってみたが、それが戦後一部から批判を受けたような国家至上主義的なものでないことは明らかであろう。田辺は、「類」・「種」・「個」の三者のどこにも中心を置かない、まさに「絶対媒介」の論理を説いたのである。

ただし、国家主義的な考え方に傾いていく危険性が、そこにまったくみられないわけではない。それは「種」を「類」へと高めるといったとき、現実の国家と理想とする「人類的国家」との境目をどこに置くかが必ずしも明確になっていないという点である。特に田辺は、「往相」と「還相」とは相即しているとしており、それは現実の国家をそのまま理想化してしまうことにつながりかねない。

そうした問題点は、一九三九（昭和一四）年に発表された論文「国家的存在の論理」に現れている。この論文の基本的な立場は、論文「種の論理の意味を明にす」と変わっていない。ただし、ここでは「国家」を絶対的なものの「応現存在」であるとしている。「応現」とは、仏が衆生の素質に応じて姿を現すという仏教用語である。この「応現」という概念のとらえ方によっては、現実の国家を絶対的なものの実現として是認してしまう危険性が生じていることも事実である。国家のもつ根源悪の問題に田辺が気づくのは戦後になってからである。

田辺は、論文「種の論理の意味を明にす」を書いた一九三七（昭和一二）年、「蓑田氏及び松田氏の批評に答ふ」を『原理日本』に寄稿している。これは狂信的な右翼からの批判に応えたものである。

また、同じ年『正法眼蔵の哲学私観』を出版している。これは田辺が自己の哲学によって、道元の『正法眼蔵』を解釈したもので、優れた道元論といえる。

4　「懺悔道」という哲学

†戦中の動き

一九四一（昭和一六）年一二月、日米開戦となるが、それに先立つ二月二三日、ヤスパースの誕生日にあたるその日に、田辺は本人に宛てて祝電を送る。それは、「どうもヤスパースはナチスに圧迫されているらしい。日本にも支持者がいるのだと分れば、本人の激励にもなるし、またナチスも或いは多少遠慮するかも知れないから」（大島康正）という理由からであったという。

切迫した時局のなかで、田辺は一九四二（昭和一七）年以降敗戦まで、いくつかの短文と講演を除いて、一切の論文を発表しなくなる。それは、「国家の思想学問に関する政策に対しては直言以て政府を反省せしむべき」ではあるが、「戦時敵前に国内思想の分裂を暴露する恐ある以上は、許さるべきものではないという自制」（『懺悔道としての哲学』）があったからだという。また、一九四三（昭和一八）年に始まる学徒出陣なども影響しているであろう。

そうしたなか、田辺は一九四二（昭和一七）年二月から一九四五（昭和二〇）年七月にかけて、海軍の一部の要請を受けて、極秘の会合を重ねることになる。メンバーは、哲学の高坂正顕、高山岩男、西谷啓治、西洋史の鈴木成高、東洋史の宮崎市定ら京都大学の教官らが中心であった。基本的には彼らの勉強会であったが、そこに海軍の高木惣吉が時折顔をみせた。会合は月に一、二度のペースで開かれ、田辺は三回に一回ほどの割合で出席している。

会合の正確な内容については、これまで不明であったが、当時京大の副手であった大島康正らが残したメモが二〇〇〇（平成一二）年に大橋良介氏、大島啓（康正のご長男）・博子ご夫妻によって大島家から発見され、その詳細が初めて明らかになった。それによれば、「東亜建設」の歴史的理念と具体的施策、戦争を拡大させた陸軍への批判、東条内閣の倒閣運動などが議論されている。

この会合が開かれることになった発端は、一九三九（昭和一四）年にまで遡る。この年の二月一八日に、西田が大磯の原田熊雄（西園寺公望の秘書）邸で、池田成彬（三井財閥のリーダー、近衛内閣の大蔵大臣）、野村吉三郎（海軍大将、当時学習院長、日米開戦の直前には駐米大使として戦争回避に尽力）、高木惣吉（当時海軍大佐、海軍省調査課長）と会談した。その内容は不明だが、時局について西田の意見を求めたものと思われる。ここで西田と高木が会ったことが、京都学派と海軍との関係の始まりといえる。同じ年の九月二八日に高木が西田邸を訪問して、海軍にブレーン・トラストを作りたいということを切り出す。それに対して西田は、「順序として田辺博士に納得してもらう必要がある」（高木惣吉『太平洋戦争と陸海軍の抗争』）といったという。その後、高木は京都学派との接触を重ねて、先の会合が開かれることになったのである。

その会合も終わりを迎える頃の一九四五（昭和二〇）年五月、田辺は西田に宛てて一通の書簡を出す。田辺の西田批判以来、二人の関係は疎遠になっていたので、久しぶりのことであった。その書簡で田辺は、西田から近衛文麿、さらに近衛から高松宮を通して昭和天皇に上奏してほしいことがあるとしている。内容は、戦局打開のために天皇が率先して範を示すために、進んで皇室財産のすべてを国家へ譲渡して「上よりの御一新」を実現すべきこと、そうしないと敗戦の暁には皇室の安泰が保証できないこと、また米英との戦争を打開するためにソ連との外交交渉を進めるべきことなどであった。それに対して西田は、「老耄（ろうもう）何の役にも立ちませぬ」と答えている。

†絶対他力の哲学

一九四五（昭和二〇）年三月に、田辺は京都帝国大学教授を定年で退官し、七月に群馬県長野原町北軽井沢の山荘に転居する。学士院会員に選ばれたとき、挨拶のために上京したのを唯一の例外として、これ以降亡くなるまで、山荘を出ることなく隠者のような生活を送るようになる。一九五〇（昭和二五）年、文化勲章を受章するが、その時も病気を理由に宮中での授与式を欠席している。

敗戦の前後にかけて、田辺は「懺悔道」という哲学を構想するようになる。戦中の一九四四（昭和一九）年、京大での最後の特殊講義を「懺悔道」という題目で行い、それにさらに手を加えて、一九四六（昭和二一）年、『懺悔道としての哲学』として出版する。

田辺が「懺悔道」というものを着想したのは、いうまでもなく戦争体験によってである。それは敗戦を迎える前に、「悲観的なる国家状勢における私の哲学思想の行詰まりに促されて起った」という。したがって、それは戦後のいわゆる「一億総懺悔」という風潮に乗ったものでないことは明らかなのだが、どういう戦争体験がどのような形で彼の哲学に影響を及ぼしたかについての詳細は語られていない。いずれにせよ、「私は哲学に従事する資格は無い」という結論に達したという。ただし、戦争に対する責任は自己一人のものではなく、連帯的なものでもあるはずだともいう。ここ数年来軍部を始めとする支配階級は、「国民を愚にして理性を抑え、道理を無視して極度に非合理なる政策を強行し、その極国際道義に背馳して国の信義を失墜せしめた」のであり、それに対して極度の憤慨を感じるが、しかしそのことを阻止できなかった国民全体にも連帯責任がある。したがって、国民全体が「連帯懺悔」する必要があるという。

ただし、あくまでも田辺の「懺悔道」は、まずは徹底した自己批判から始まる。「懺悔とは、私のなせる所の過てるを悔い、その悪の償い難き罪に身を負いて悩み、自らの無力不能を慚じ、絶望的に自らを抛ち棄てることを意味する」というのだ。ただし、田辺によれば、そうした「懺悔」は、自力によってできるものではないという。「私の自力はこの懺悔をも能くすることができない程に無力であり、私の愚痴転倒はそれ程にも根深く執拗」だからである。したがって、「懺悔」を遂行するということは、自己を超えた他力の働き、すなわち、田辺でいえば「絶対無」の働きに気づき、それに随順することによって初めて可能となる。「私の内にはたらく懺悔の他力は、それにも拘らず自らを貫徹して私に懺悔を行ぜしめる」のである。したがって、「懺悔」とは自分の「行」ではあるが、自力ではなく、他力の「行」なのである。このように、「懺悔」によって一度自己を放ち棄て、「絶対無」の働きによって蘇るあり方を、田辺は「死復活」とよぶ。また、そのような「絶対無」の救済の働きを「絶対無即愛」とか「大非即大悲」(「大非」とは、「大いなる否定の働き」即ち「絶対無」のこと)などとよんでいる。

こうした「懺悔」は、時間というものに沿って考えれば、過去から未来への「絶対転換」ということを意味していると田辺はいう。これまでの過去は、自己の罪過への悔恨の念として現在の自己に迫ってくる。しかし、未来からは救済の力が現在の自己に及んでくる。両者のせめぎ合いのなかで、現在の自己が「懺悔」によって死んで蘇ることによって「絶対転換」が実現するというのだ。ただし、こうした「絶対転換」は一度きりのものではなく、無限に反復されなければならないのである。

†「懺悔道」と西洋哲学

以上のような「懺悔道」とは、田辺によればあくまでも哲学なのだという。

田辺は、「懺悔」を表すドイツ語として、「Metanoetik」という言葉を使う。この言葉は、福音書の洗礼者ヨハネが説いた「metanoia」(「悔改め」)に由来する。「metanoia」とは、meta(後から)+noia(考える)という意味であるが、田辺は「Metanoetik」について、Meta(超えて)+Noetik(理性の学)で、理性的哲学を超えた哲学の意味だとする。つまり「懺悔道」とは、理性を超えた「哲学ならぬ哲学」のことだというのだ。

それは体系として固定化されるような哲学ではなく、いかなる体系も二律背反によって解体崩壊させ、理性の自律を自己放棄に導く「哲学」なのである。したがって、それは理性中心の既成の哲学に対する絶対批判をも意味している。

ただし、田辺によれば、どのような哲学も徹底させていけば、必然的に「懺悔道」に至るのであり、西洋哲学においても「懺悔道」に近づいた思索は存在するという。そもそもソクラテスは、その「無知の知」の反語によって、当初から「懺悔道」を歩んでいたとされる。

さらに、西洋の近代哲学においても、不完全ながら「懺悔道」に至ろうとした哲学があったという。まず田辺があげるのは、カントの『純粋理性批判』における「理性の二律背反」という考え方である。そこでは、理性は「一と多、全と個、無限と有限、被限定と自発性、必然と自由」との間で分裂する。「批判 Kritik は自己分裂の危機 Krisis に身を投じて自己を粉砕突破することによってかえってその危機を突破する外ない」のだという。しかし、カントは最終的には「二律背反」の前に立ちすくみ、これを避けてしまったと田辺はいう。

また、ヘーゲルの『精神現象学』では、人間が相互に独善性を排し、自己を放棄することによって、相互の承認を得るというプロセスが描かれているが、そこには「懺悔道」に近いものがみられるとしている。ただし、ヘーゲルは基本的には最後まで理性の立場を脱することはなかったと田辺はいう。

さらに、ハイデッガーの「被投的投企 geworfener Entwurf」という概念にも、「懺悔道」がみられるという。人間は意味なくこの世界に投げ込まれているということからくる「被投」という自己の有限性・否定性を進んで受け容れることによって、それがかえって自由な「投企」に転換されるというあり方は、まさに「懺悔道」の「絶対転換」に通じるものだという。しかし、田辺によれば、ハイデッガーは徹底した自己否定までには至っていない。彼の説く「死に至る存在」という概念も、実存の全体的可能性を自覚させるだけであって、「決死行に於て復活を証する」という姿勢に欠けているという。

一方、ニーチェの説く「権力意志」という概念は、生命の絶対肯定として、一見「懺悔道」と正反対の立場に立っているようにみえるが、しかし、彼のいう「運命愛」という概念の核心をなすものは、むしろ絶対否定の精神であると考えられる。それは、一切の必然的なるもの、ことに没落破滅の死の運命をも回避することなく喜び迎え、進んでそれを引き受けようとするものであり、絶対否定を媒介としての絶対肯定といえる。その意味で、「懺悔道」に近いといえよう。しかし、田辺によれば、ニーチェのなかにある貴族主義が、高貴なる自己を放棄することを不可能にさせ、真の絶対否定に至ることができなかったという。

また田辺は、シェリングに対しても一定程度の評価を与えている。シェリングは、「神」

に対立する原理として、「神における神自身ならぬもの」として「神における自然 Natur in Gott」というものを置いている。それは人間における「実存の根拠」であり、「悪の自由の可能根拠」でもある。そして、シェリングはこうした「神における自然」と、「神」そのものの双方の根底に、さらに「無底」ともいえる「原根拠 Ungrund」というものを置く。田辺によれば、それは「絶対無」に近い概念であり、その意味でシェリングの哲学は、「懺悔道」に似ている。しかし、「無底」は「絶対無」とは違い、いまだ抽象的一般的概念であることを免れていないという。

†「三願転入」

以上のように、田辺は西洋哲学の流れのうちにも「懺悔道」をみようとするが、しかし、それらはいずれも不十分なものであるとする。田辺にとって徹底した「懺悔道」とは、何よりも親鸞の思想のうちにみられるものなのである。

ただし、「懺悔道」とは宗教ではなく、あくまでも哲学の方法である。したがって、「親鸞教を哲学的に解釈するのではなく、哲学を懺悔道として親鸞的に考え直し、彼の宗教に於て歩んだ途に従って哲学を踏み直そうと欲するのが、現在の私の念願である」というのだ。

そうした田辺が注目したのは、親鸞の思想のなかでも、特に『教行信証』にみられる「三願転入」と「三心釈」である。

まず、「三願転入」についてみてみよう。

浄土教の聖典『大無量寿経』には、阿弥陀仏がどんな人間も余すところなく救い取ろうとして四八の誓願を立て、それを成就したことによって仏となれたことが説かれている。そのうち、親鸞は第一九願、第二〇願、第一八願の三つの誓願を重視し、これらはこの順で信仰の深まりを表しているとしている。

まず第一九願は、念仏ばかりでなく、さまざまな功徳を積んで、自力で極楽往生しようとする「自力努力の立場」を表している。

次に第二〇願は、修行を念仏だけに絞り、他力によって往生しようとする立場である。ただし、念仏を称えるということは、仏にすがるという他力を前提にしているのではあるが、念仏によってみずから徳を積もうとする姿勢にまだ自力の要素が残っている。そこで田辺は、これを「自力念仏の立場」としている。そこでは、自己の無力に対する自覚、「懺悔」がまだ徹底していない。

最後に第一八願は、すべて阿弥陀仏の力によって念仏を称えようとする立場であり、これが「絶対他力」の立場である。そこでは、自己を極重悪人とする「懺悔」が徹底されることによって、「自己否定は肯定に転換復興せられ」るのである。

以上のように、第一九願→第二〇願→第一八願は、自力から他力への徹底、いいかえれば「懺悔」の徹底へのプロセスを表している。ただし、このプロセスは、一回限りのものではなく、無限に反復されなければならないものであると田辺は解釈する。また、第一八願の立場に立ったからといって、第一九願、第二〇願という自力の立場は単に否定克服されるだけのものではなく、第一八願の他力の立場の媒介となることによって、再び肯定されるようになると田辺はいう。それは、どのようなことを意味しているのであろうか。

先に、「往相」「還相」という概念について触れたが、親鸞は念仏によって極楽往生することを「往相」とよび、死後往生してからこの世に戻り衆生を救うことを「還相」とよんでいる。しかも、親鸞によれば、「往相」も「還相」も阿弥陀仏の力によるものであるという。

ただし、田辺は「往相」した後、死後にこの世に戻って「還相」の働きをするという立場をとらず、「往相」も「還相」も区別せず一体のことであるとする「往相即還相」の立場をとる。つまり衆生が極楽往生する「往相」のためには、すでにこの世で他の衆生を救う「還相」の働きが必要だと考えたのである。もちろん、徹底的に無力な人間が他者を救う働きをすることができるのは、その根底で阿弥陀仏の力が働いているからである。いいかえると、阿弥陀仏の救済の働きは、衆生相互の救済の働きに「媒介」されることによって初めて現実化するというのである。

そう考えると、第一八願の「絶対他力」の立場に立ちながらも、つねに、第一九願、第二〇願という自力の立場による他者の救済行も必要となるというわけである。ここには、「懺悔道」というものが、自己一身の問題に限定されるものではなく、他者との新たな共同体をめざすものであるという考え方が示されている。

†「三心釈」

田辺は、浄土教で古来重視されてきた「三心釈」というものにも注目する。『観無量寿経』に、極楽往生に必要な三種の心である「至誠心」・「深心」・「廻向発願心」というものが説かれている。この「三心」には、中国浄土教の善導が加えた有名な注釈がある。それが「三心釈」である。それによれば、「至誠心」は誠の心をもって修行することを意味している。「深心」は「機の深信」と「法の深信」とからなる。前者は自己の罪深さを深く信じることを意味し、後者は阿弥陀仏の救いの確かさを深く信じることを意味している。「廻向発願心」はさまざまな善根を廻向して浄土に往生しようと願う心を意味している。

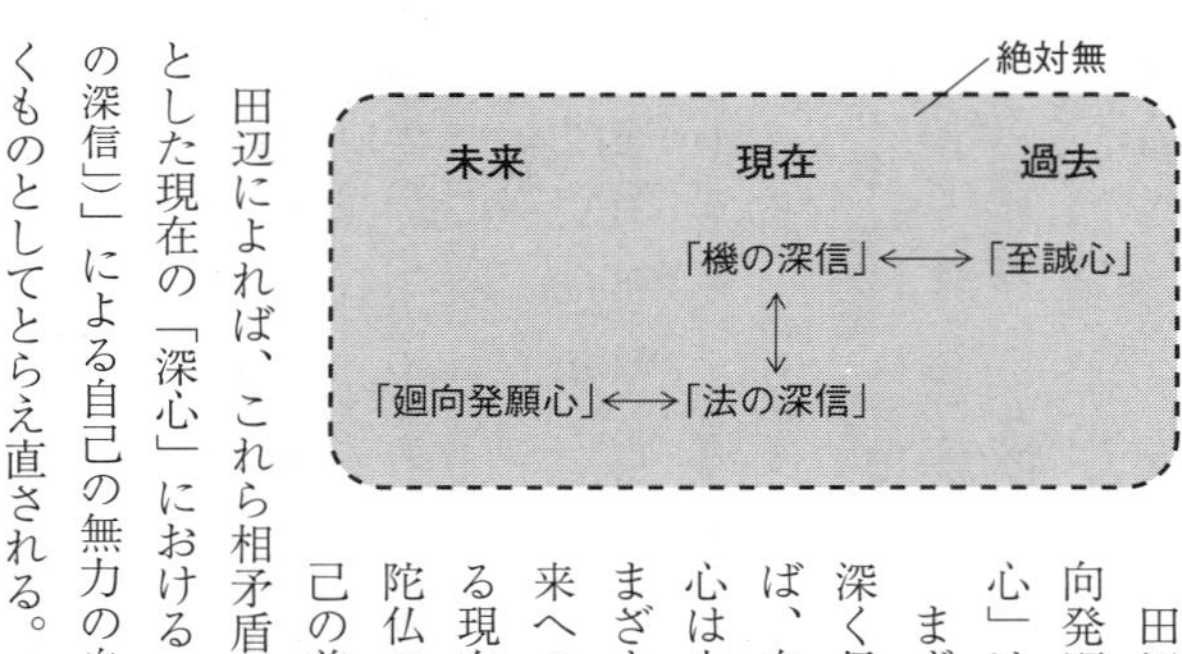

田辺によれば、「至誠心」は過去に、「深心」は現在に、「廻向発願心」は未来にそれぞれ対応するという。その上で、「三心」は相互に矛盾をはらんだものであるとする。

まず、誠の心としての過去の「至誠心」は、自己の罪深さを深く信じる現在の「深心（「機の深信」）」と矛盾する。なぜならば、自己の罪深さを信じれば信じるほど、自己のなかには誠の心は少しもなかったことに気づくはずだからである。また、さまざまな善根を廻向して浄土に往生しようと願う心としての未来への「廻向発願心」は、阿弥陀仏の救いの確かさを深く信じる現在の「深心」（「法の深信」）と矛盾する。なぜならば、阿弥陀仏の救いの確かさを深く信じる心があれば、もうそれ以上自己の善根を廻向しようとする心は起こらないはずだからである。

田辺によれば、これら相矛盾するものが両立するには、「懺悔」による自己放棄を媒介とした現在の「深心」における「絶対転換」が必要であるという。すなわち、「深心（「機の深信」）」による自己の無力の自覚を通して、「至誠心」は自力ではなく絶対他力に基づくものとしてとらえ直される。また、「深心（「法の深信」）」による阿弥陀仏への帰依を通して、「廻向発願心」によって廻向する善根もまた自力ではなく絶対他力によるものとなる。

また、それによって、過去の「至誠心」と未来の「廻向発願心」との間にある矛盾も解消されると田辺はいう。というのも、過去の修行が「至誠心」による清らかなものであるとするならば、それによって往生はすでに決定しているはずであって、改めて未来に向かって廻向し発願する必要はないからである。この矛盾する両者は、ともに現在の「深心」によって絶対他力へと「絶対転換」されることによって結合するという。

このように幾重にもわたってみられる「三心」の矛盾は、最終的には「深心」そのもののもつ矛盾、すなわち「機の深信」と「法の深信」との矛盾に帰着すると田辺はいう。というのも、前者は自己の罪深さを深く信じることを意味し、後者は阿弥陀仏の救いの確かさを深く信じることを意味しているのであるから、両者は両立しがたいといえる。この矛盾する両者を結びつけるのは、絶えざる「懺悔」であると田辺はいう。「深信の二種が動的弁証法的統一を形造るのは、正に懺悔の裏付けに依る」のである。

先に、過去と未来との現在における「懺悔」を通しての「絶対転換」について述べたが、田辺によれば、「三心釈」とはそうした「絶対転換」の最も徹底した表現であるということになるのである。

†「懺悔道」の社会性

最初にも触れたように、田辺にとって「懺悔」とは、自己一身のみに要求されるものではなく、他者とともに「連帯懺悔」すべきものであった。したがってまた、その救済も他者との連帯において成就すべきものとされている。

特に、田辺は「還相」という概念にそうした考え方をみようとしている。先に述べたように、田辺は「往相即還相」という立場に立ち、「懺悔」に徹して、この世で救いを得た（「往相」）者が、直ちに他者を助ける（「還相」）べきだとした。具体的には、先に「往相」を果たした者が先達として、後進を指導教化するのが「還相」であると田辺は考える。それはキリスト教の説く、まったく平等な隣人愛とは異なり、「先後の秩序ある平等としての兄弟性」に基づくものであるという。

このような「還相」を媒介とした共同体論は、これまで論じてきた「種の論理」の社会存在論に対応するものだと田辺はしている。しかし、そこでは「懺悔道」の立場から大きな変更が加えられている。事実、『懺悔道としての哲学』を書いた翌年、田辺は論文「種の論理の弁証法」を書くが、そこでも、「種の論理」のなかに「懺悔道」の考え方が取り入れられている。具体的にいうと、国家にも根源悪が存在するとし、したがって国家も

「超越的なる神の歴史審判に随順し、懺悔しなければなら」ないというのである。

ただし、この論文を最後に、「種の論理」に関する論文は書かれなくなる。それは、「懺悔道」の共同体論が、もはや民族や国家の枠に縛られない、開かれた宗教的共同体となる可能性をもったものだからである。

なお、田辺は新憲法が公布される五カ月ほど前の一九四六（昭和二一）年六月に『政治哲学の急務』という本を出し、そのなかで天皇の戦争責任を論じている。そこでは、天皇は「絶対無の象徴」であるとされ、その絶対的不可侵性は「絶対無」の超越性に由来するとされている。ただし、「絶対無」は相対的「有」を媒介として実現されるものであるから、実際の政治は天皇親政ではなく国家機関に任せるのが本来の姿であると主張する。しかし、そのことは天皇の免罪をもたらすものではないという。田辺は、「いわゆる戦争犯罪者として告発せられている要人のみが、戦争惹起の責任を負うべきものではな」く、「国民の全体がその程度の軽重においてこそ大差あれ、一様に連帯責任を負うべき」であるとする。その上で、「しからば国家を代表して国民を統べらるる天皇が、外国に対し戦争の責任を負われることは少くとも当然のことである」とする。しかも、外国に対してだけでなく、国民に対しても責任感を表すために、皇室財産をすべて国家に下付し、「絶対無の象徴」として、「無所有無一物の立場」に立つべきだとしている。

5　キリスト教の弁証

†キリスト教への関心

田辺は、一九四七（昭和二二）年、『実存と愛と実践』を出版する。そこでは、キェルケゴールの実存哲学が基本的には「懺悔道」と同じ考え方であるとされ、そこからさらにその背景にあるキリスト教への関心が示されている。

そこでは、キリスト教が「愛の三一的構造」というかたちでまとめられている。それはイエスの説いた、「神の愛」、「神への愛」、「隣人愛」の三者が相互に「媒介」の関係にあるというものである。特に、「神の愛」が人間相互の「隣人愛」の「媒介」によって初めて実現するという考え方は、『懺悔道としての哲学』における、衆生が相互に助け合うことを通して、はじめて阿弥陀仏の救済の働きも実現するという考え方を受け継ぎ発展させたものであるといえよう。

さらに田辺は、キリスト教に関する本格的な研究を開始し、一九四八（昭和二三）年、

『キリスト教の弁証』を出版する。

それによると、田辺は若いころからキリスト教に関心があったが、『懺悔道としての哲学』を書いていた頃に、その福音の原理に初めて眼が開かれるようになったという。特に田辺が強く魅かれたのは、キリスト教のもつ社会的実践性であった。戦後になって、田辺は政治的には、自由主義と社会主義とを媒介し、自由と平等とを統一した「社会民主主義」を説くようになるが、その実現には、「自己の利害と打算とを滅尽し」なければならず、そこには宗教性が要求されるとしている。そして、そうした社会革新の根底となりうる宗教は、キリスト教をおいて外にはないと考えるようになる。具体的な歴史的社会的基盤の上に立つキリスト教に比べ、仏教は抽象的であることを免れないというのだ。

ただし、田辺はキリスト教の人格神という考え方を認めたわけではない。田辺によれば、キリスト教は社会革新の具体的方針を指示する社会科学的理論と両立しうるものとならなければならず、科学と相容れない神話的要素を払拭しなければならない。そのためには、神を人格神としてではなく、「絶対無」としてとらえなければならず、その限りではキリスト教の仏教化が必要であるとしている。

†旧約の預言者たち

『キリスト教の弁証』において、田辺が最初に触れるのは、民族の救済を求めた旧約聖書の預言者たちであった。

まず取り上げるのはエレミヤである。エレミヤは内気な詩人的性格であったが、神の召命に背くわけにいかず、やむをえず預言者となる。彼はイスラエル民族が、エホバに背き正義に反して歓楽を追い求めていると批判し、「悔改め」て神に服従すべきことを説いた。そして、誰よりも彼自身がそれを模範的に実行した。彼は妻を娶らず家族をもたず、社会的交際を絶って、いわゆる死人の生活を自ら生きたが、それは民族全体に自己放棄を行わせるためであった。それによって神の愛が与えられることを教えるのが彼の預言であった。

次に田辺が注目するのは、第二イザヤである。第二イザヤになると、その預言は、それまでのような神の審判ではなく、神の救済が中心となる。イスラエル民族は、神の選民としてまずその救済を受けると同時に、神の力とその恩恵とを世界に宣布すべき使命を与えられる。

このように、第二イザヤは力と愛とを結合した神を説く。特に、イザヤ書の「神の悩める僕(しもべ)」の個所では、イザヤ一人が神の僕として、イスラエル民族の罪を贖うために、代わって苦悩を受けるという「代苦」の考え方が述べられている。それは、神みずからが僕を通して民族の罪を贖ってこれを救うということを暗示している。このように、神が救済者として待望されるのが、第二イザヤの預言の特色である。

こうした旧約の預言者たちへの田辺の関心には、「種の論理」との関わりが感じられる。論文「種の論理の意味を明にす」において、田辺は「種」を「人類的国家」へと高めるのは「個」の働きであるとしていたが、そのことを端的に表しているのが預言者たちであろう。また、戦後書かれた論文「種の論理の弁証法」では、国家の罪ということを問題にしているが、それを最も鋭く指摘したのも預言者たちであった。

†イエスの教え

では、肝心のイエスについて田辺はどのように理解したのであろうか。

まず、イエスは独自な形で「神の国」を説いたと田辺はいう。「神の国」は、預言者においては、神の正義の実現、世界審判の成就を意味していたが、イエスにおいては、愛における「霊的協同体」の実現を意味するようになる。それは、将来の希望であると同時に、すでに現在始まっているものでもある。つまり、「既に」と「未だ」の統一としての「中間時」においてあるものなのである。したがって、「神の国」が到来する「終末」というものも、世界全体に訪れる最後の時といったものを意味するのではなく、現在の瞬間における「死復活」の「絶対転換」とその永遠の反復を意味しているという。

また、イエスはそうした「神の国」に入る条件として「悔改め」を説いている。田辺はそこに「懺悔」と同じものをみようとしているのである。田辺によれば、それは恩寵に基づく過去と未来の「絶対転換」を意味するのであるが、決して自己自身の「懺悔」のみにとどまるものではなく、他者の罪をも連帯責任において自覚する「連帯懺悔」をも意味しているという。そうした「悔改め」による「連帯懺悔」を通して、「神は愛なり」という信仰が、隣人愛に具体化されるとき、「霊的協同体」としての「神の国」が実現するのだという。

イエスは神を「愛の神」としているが、イエスみずからも下層社会への愛を実践した。そうしたイエスには、無抵抗的な平和主義と革新的な戦闘主義との共存がみられると田辺はいう。それはイエスが、宗教的救済と社会的解放とを同時にめざしたことによる。したがって、イエスの教えにおいては、「闘争が同時に愛となり、愛が同時に闘争」となる。こうしたイエスの教えのもつ社会的革新性こそ、仏教にはないものだと田辺は考えるのである。

以上のようにイエスは、民族や国家を超えた「神の国」という「霊的協同体」を説いた。

そうしたものに田辺が関心をもつようになったということは、田辺がこれまで説いてきた「種の論理」への最終的な決別を意味することになる。

†パウロの教え

田辺によれば、キリスト教というものは、これまで述べてきたようなイエスの教えそのものからというよりも、むしろイエスの「復活」に対する信仰から始まったという。元来ユダヤ教では、「復活」とは最後の審判の日に先だち、審判を受けるために過去の人類すべてがもう一度蘇らせられることを意味していた。しかし、キリスト教においては、何よりもイエスの「復活」が問題にされ、それを信じることが救済の証とされるようになる。田辺によれば、イエスの愛に基づく犠牲死が、弟子たちの実存的自覚において、イエスの「復活」の信仰をもたらしたのだという。それは「復活」が、ユダヤ教のような宇宙論的な自然現象から、自覚存在論的な霊的事象になったことを意味している。

原始教会の信徒においては、そうしたイエスの「復活」が関心の中心となり、イエス自身が説いた「終末」や「神の国」の教えに対する関心は薄くなってしまう傾向にあったと田辺はいう。

そして、そうしたイエスの「復活」を信じることによる救済を前面に出して、キリスト教を世界宗教にまで発展させる基礎を作ったのがパウロである。パウロはイエスを、人間の罪を贖うために遣わされた神の子キリスト（救い主）としてとらえ、その十字架上の死とそれに続く「復活」を神の愛の啓示と考えた。ただし、それは何人にも客観的に開かれた門であるというよりも、統一的集団としての「教会」における特定の信徒にのみ固有なものとなる。

直接イエスに会ったことのないパウロは、人間イエスの歴史的行動というものを無視して、「復活」のキリストによる救済という面を重視したため、キリスト教はその歴史性を喪失してしまったと田辺はいう。ユダヤ教的発想に対して無理解な異邦人への伝道には、キリストの「復活」による救済の信仰が必要であったことは事実である。だからこそキリスト教は世界宗教として発展普及するのであるが、同時にそのことは、キリスト教を抽象化させる結果に導いたことも否定できない。

ただし、パウロにはイエスの説いた「終末」・「神の国」の到来への信仰がまったく存在しなかったわけではない。それが、「復活」のみに関心を移していった原始教会との違いである。つまり、パウロにおいては、キリストの「復活」による救済の信仰と、「終末」・「神の国」の信仰とが共存しており、両者の統合ということが、彼の課題であったと田辺はいう。

キリストの「復活」への信仰はただちに安心・救済をもたらすが、終末・「神の国」への信仰は「悔改め」という倫理を要求する。この両者を統合させようとしたパウロは、「悔改め」による「神の国」への参加が、キリストの贖罪のための苦難と死に対する感謝報恩であると考えたと田辺は理解する。

しかし、そうはいっても、パウロの異邦人への伝道は、「神の国」の実存協同的な具体性を喪失させたことも事実であったと田辺は批判する。

†イエスかパウロか

田辺は、キリスト教というものがイエスからパウロへと展開していく必然性をもっていたことは認めるが、しかし、キリストの「復活」による救済を客観的事実として信仰するパウロの神学に対しては究極的には否定的である。

ドイツのルター派神学者ウィリアム・ヴレーデ(一八五九―一九〇六)が、「イエスかパウロか」という問題を提起したことを紹介したうえで、田辺はイエスに戻るべきことを主張する。パウロ的キリスト教をイエス的キリスト教にまで「復古即革新」しなければならないというのである。それは、宗教改革がパウロ復興を説いたのに対して、イエス復興を唱える「第二次宗教改革」ともいえるものであるという。そして、「哲学はそのような革新を遂行する宗教的天才の出現を期待して、その準備のために解体清掃の任務を果たすだけである」としている。

以上が『キリスト教の弁証』の概要である。『懺悔道としての哲学』における「懺悔」という概念は、ここでは「悔改め」として継承されている。また、ここで説かれている「霊的協同体」という考え方は、『懺悔道としての哲学』における「還相」を媒介とした共同体論をさらに展開させたものであり、「種の論理」を内側から突き破り、より普遍的な実存協同へと向かわせるものである。さらに、何よりも「行為」の哲学を説く田辺にとって、キリスト教のもつ宗教的救済即社会的改革という性格が、仏教にはない実践性をもったものととらえられている。

そう考えると、田辺はここで、仏教からキリスト教へと大きく転換したようにみえるが、そこには一貫した思索の展開がみられるといってよい。

なお、ここでは田辺は、パウロの説く「復活」の信仰には批判的であったが、やがてそれは、妻の死を契機に、彼の哲学に大きな影響を与えるようになっていく。

田辺は、一九四九（昭和二四）年、『哲学入門——哲学の根本問題』、『哲学入門——補説第一、歴史哲学政治哲学』を、翌年には『哲学入門——補説第二、科学哲学認識論』を、さらに一九五二（昭和二七）年には『哲学入門——補説第三、宗教哲学・倫理学』を出版する。これらは長野県の教員が組織する信州哲学会の会員と若干の田辺の門下生を前にした講義を基にしたものである。そのため、文章が平易であり、田辺の哲学の入門書としては格好のものである。

なお、田辺の出発点が科学哲学・数理哲学にあったことはすでに述べたが、一連の『哲学入門』が書かれたあと、再びそうした方面の研究がなされるようになる。一九五四（昭和二九）年に『数理の歴史主義展開』が、その翌年には『理論物理学新方法論提説』と『相対性理論の弁証法』が刊行される。これらの著作において、田辺は相対性理論、量子論、数学基礎論という現代の新科学理論に対して自己の哲学から解釈を加えようとしている。たとえば、相対性理論や量子論にみられる実験者の位置を考慮することの不可欠性という考え方は、自己の「行為」の哲学に近いとしているし、数学者デデキントの「切断」という概念は、自己の「絶対転換」の哲学に近いとしている。

6　死の哲学

†妻の死と「復活」

一九五一（昭和二六）年、妻ちよが亡くなる。ちよが病弱だったこともあって、二人の間には子供はいなかった。妻の死は田辺に大きな衝撃を与える。田辺は妻の遺骨を埋葬することなく、常に身近に置いていたという。三回忌の際には、妻を悼んで、次のような歌を作っている。

あけくれに妻を思ひて暮らす日も　はや二たとせにならんとはする
生きかへれ生きかへれ妻よ生きかへれ　汝れなくて我いかで生きられん
汝れと共に我も死にたり今もなほ　日毎に死にてよみがへり生く
わがために命ささげて死に行ける　妻はよみがへりわが内に生く
クリストに倣ひて死にしわが妻は　福音を証明す復活の光

ここでは、キリスト教になぞらえて、妻の霊的な「復活」ということが歌われている。この歌の背後にある考え方を、一九五六（昭和三一）年の書簡（野上弥生子宛）で次のように説明している。

「キリスト教徒でもない小生が復活を口に致すのは、全く空語に止まりはしないかという御疑は必定と存じます。今日はキリスト教の内部においてさえ、神話排除の主張が起っております。いわんや科学を尊重致す小生が、復活の如き神話的伝説を信ずるなどとは、言語同断とも申せましょう。小生今日まで此点を突破できなかったのでございます。しかし妻の死は之を可能に致しました。もはや復活は、客観的自然現象としてでなく、愛に依って結ばれた人格の主体性において現れる霊的体験即ち実存的内容として証されます。……小生にとっても、死せる妻は復活して常に小生の内に生きております。同様にキリストを始め多くの聖者人師は、小生の実存内容として復活し、主体的に小生の存在原理となっておるのでございます。その意味でいわゆる「聖徒の交わり」に、小生も参し得るわけです。」

『キリスト教の弁証』では、批判的に語られていたパウロの「復活」信仰が、ここでは妻の死を契機に、みずからの信念として受け容れられている。

†メメント　モリ

一九五七（昭和三二）年、田辺はハイデッガーとオイゲン・フィンクの推薦によって、ドイツのフライブルク大学創立五〇〇年祭にあたって、同大学から名誉博士号を授与される。さらにハイデッガー七〇歳記念論文集への寄稿依頼を受け、論文「生の存在学か死の弁証法か」を書き始め、翌年の一九五八（昭和三三）年に完成させる。すでに妻の死によって、「死」の問題を深く思索していた田辺は、この論文を皮切りに、「死の哲学」を構想するようになる。

この論文の表題にある「生の存在学」とは、ハイデッガーの哲学をさしている。田辺は、すでに一九五三（昭和二八）年の頃から未完の遺稿「哲学と詩と宗教——ハイデッガー・リルケ・ヘルダーリン」を書き始めているが、そこではハイデッガーとの対決のなかで自己の哲学を完成させようとする姿勢がみられる。「死の哲学」もまたハイデッガーの哲学との対決のなかで構想されたのである。もちろん、ハイデッガーが人間を「死への存在」と規定し、西洋哲学にあっては、はじめて「死」の問題を正面から取り上げたことは田辺も評価する。しかし、田辺によれば、そうしたハイデッガーも「死」は「生」を自覚するための契機としてしかとらえられていないというのである。

では、田辺の「死の哲学」とはどのようなものであろうか。ここでは、「死の哲学」が簡潔にまとめられた、一九五八（昭和三三）年発表の論文「メメント モリ」をみていきたい。

西洋には古くから「メメント モリ Memento mori」（死を忘れるな）というラテン語の諺がある。この言葉は普通には、髑髏のように人に死を連想させるものとともに使われる。しかし、その真の意味は、旧約聖書の詩篇第九〇巻第一二節にある、「われらにおのが日をかぞえることを教えて、知恵の心を得さしめたまえ」という言葉に由来するという。これは、我々に終末の日までの日にちを自覚させて、「知恵の心」を与えてほしいと神に祈る言葉なのである。

田辺は、その終末の日を現代に重ねる。それは、田辺が現代を「原子力時代」と規定しているからである。ここでいう「原子力時代」とは、原水爆を抑止力とした戦後の東西冷戦構造の時代のことである。それは文字通り「死の時代」であり、「『われらの日をかぞえる』どころではなく、極端にいえば明日一日の生存さえも期しがたい」のである。

しかし、現代の人間はそのことに少しも気づかず、「生の直接なる享受を無反省に追求し」ており、そのため「生は常に死に裏付けられ、何時その表裏が顚倒して、死が表に現れ生が裏に追いやられるかわからない」という自覚を失ってしまったという。いまや改めて、「メメント　モリ」の戒告に耳を傾けなければならないと田辺はいう。先に、田辺が「死の哲学」を構想したきっかけとして、妻の死をあげたが、そうした個人的な問題を、ここではさらに時代全体の課題として考えようとしているのである。

それでは詩篇の句にある、我々が身につけなければならない「知恵の心」とはどのようなものでなければならないのか。ここで田辺は、一転して『碧巌録』第五五則の「道吾一家弔慰」という公案を取り上げる。それは次のような内容である。若き僧漸源が、師の道吾に随って檀家の葬儀に出たとき、生死の問題に悩んでいた漸源は、死者の納められた棺を拍って、「生か死か」と師に問うたという。漸源の質問の意図は、もし生きているならば弔慰する必要はないし、もし死んでいるならば弔慰しても本人に通じることはないので無駄だという二律背反に悩まされた上でのことと思われる。しかし道吾は、ただ「生ともいわじ死ともいわじ」というのみであって、これに対し何れとも明確な答えを与えなかった。そこで漸源は、帰路で再び道吾に同じ質問をし、答えなければ打つと迫った。しかし道吾は依然として答えなかったので、遂に漸源は師を打った。その後、道吾が他界したのちに、漸源は兄弟子にあたる石霜に事のいきさつを語ったところ、石霜もまた「不道不道

（いわじいわじ）」というのみであった。ここに至って始めて、漸源は道吾の真意を理解したという。それは、「生」と「死」とが両立しがたいものであるにもかかわらず、矛盾律に従って「生」か「死」かと判定することのできないものであるということである。そして、田辺によれば、師の道吾があえて漸源の問に答えなかったのは、弟子の漸源に、そうした生死の理をみずから悟らせようとする慈悲によるものであった。そして、そうした慈悲が、いま現に漸源に働いている以上、道吾はその死にもかかわらず、「復活」して漸源の内に生きており、漸源はそのことを自覚して、「懺悔」し感謝したと田辺は解釈する。

田辺は、道吾が漸源に暗に諭そうとした生死の理を、「死復活」という言葉でよぶ。「死復活」という言葉は、『懺悔道としての哲学』においても多用されていたが、ここではそれが「死者」との関わりも含めた、より拡充された形で使われている。以下、その意味をまとめてみたい。

第一は、自己自身について、その生死一如の理を自覚することである。「生」が自己を徹底させることによって、かえってその自己矛盾に直面し、絶体絶命を体験することによって、逆にそこから「復活」する。それは「生」がその裏面としての「死」と相即していることを自覚することであり、裏面の「死」の方もまた表裏転換することによって、表の

「生」と相即していることを自覚することである。

第二は、自己犠牲ということである。単に自己の生死一如を自覚するだけでなく、他者のために進んで自己を放棄することによってこそ、自己は真に蘇ることができるとしている。その理想が大乗仏教の「菩薩道」であるという。すでに述べたように、これまで田辺はキリスト教に近づいていたが、「死の哲学」においては再び仏教に注目するようになり、自己犠牲的な愛を実践する「菩薩道」が最もよく現われているのは禅であると考えるようになる。

第三は、そうした自己犠牲が生死を超えて働くようになり、愛を通して「死者」が「生者」のうちに蘇ることである。それによって生死を超えた協同が可能となる。「死復活」は、個々人が生死一如を自覚するばかりでなく、道吾の教えがその死を超えて漸源を動かしたように、「死者」が愛によって結ばれた「生者」のうちに蘇ることをも意味している。それによって、「生者」の方も「死者」の媒介を通して、「死者」の遺した真実を学び、それに感謝してその真実をさらに後進の者に伝える。こうした「生者」と「死者」との関係を、田辺は死を超えた「実存協同」とよんでいる。

第四は、「絶対無」の働きである。上記のいずれの場合においても、「死復活」は「絶対無」の働きを媒介とすることによって初めて可能となると考えられている。先に触れたように、田辺は「絶対無」のことを、しばしば「絶対無即愛」や「大非即大悲」という言葉で表現している。生死を超えた「実存協同」を成り立たせているものも、そうした「絶対無」の慈悲なのである。

以上が田辺の「死の哲学」の概要である。『キリスト教の弁証』では「種」が民族や国家を超えた宗教共同体へと拡げられたが、ここではさらに、「生者」と「死者」との「実存協同」にまで及んでいる。すべてのものを「媒介」関係においてみようとする田辺の「絶対媒介」の哲学は、ここでは「生者」の世界を超えて「死者」との「媒介」にまで徹底されているのである。

†芸術への関心

最晩年の田辺は芸術について関心をもつようになる。一九五一（昭和二六）年には『ヴァレリイの芸術哲学』を出版する。また、すでに述べたように、一九五三（昭和二八）年の頃から未完の遺稿「哲学と詩と宗教——ハイデッガー・リルケ・ヘルダーリン」を書き始めている。さらに、死の前年の一九六一（昭和三六）年には『マラルメ覚書』を出版する。

「行為」の哲学を説いた田辺は、芸術についても既成の作品の鑑賞ではなく、芸術家の制作行為という観点から問題にしている。

また、「倫理」を超えて絶対に触れるというのが「宗教」の立場であるとするならば、「宗教」から「倫理」へと「還相」する途中に「芸術」の立場があるともしている。逆にいえば、「宗教」の方向をめざしながら、そこに未だ至らないところに「芸術」があるというのだ。そうした「芸術」の世界においては、現実の存在は絶対的なものの「象徴」となるという。そうした意味から、芸術論において田辺が特に関心をもったのが象徴詩であった。

なお、『マラルメ覚書』では、「偶然性」の哲学が展開されている。襲ってくる「偶然」を引き受けることが、過去の必然的な同一性を「絶対転換」して「自由」に生きることになると同時に、そこに真の必然としての「運命」が現れることにもなるという。「偶然性」への着目は、田辺哲学の戦前からの特徴ではあるが、ここでは、それが特に強調されるようになっているのである。

†最後の田辺

妻ちよの死後、田辺の寂しさを慰めたのは、同年の作家野上弥生子との交流であった。野上の別荘が田辺の住まいに近かったことから二人は知り合うようになった。当初は、妻ちよと野上が知り合いになるのであるが、ちよの死後は田辺本人と野上とが親しくなっていく。野上は、避暑のため別荘に滞在している季節には、週二回哲学の講義を聴くために田辺の所に通ったという。二人の深い交流は『田辺元・野上弥生子往復書簡』に載せられた多くの書簡によってわかる。

田辺は一九六一（昭和三六）年、元旦に入浴中に倒れ、群馬大学病院に入院し、脳軟化症の診断を受ける。その後治療を続けるが、翌年の四月二九日に亡くなる。享年七七歳であった。六月には山荘の敷地内に谷口吉郎の設計による墓碑が建てられ、田辺夫妻の遺骨が納められた。そこには、「私の希求するところは真実の外にはない」という田辺自身の言葉が刻まれている。

おわりに

以上のように、田辺は西田の「無」の哲学を受け継ぎながらも、西田哲学を「観想」の哲学として正面から批判し、独自の「絶対媒介」の哲学、「行為」の哲学を構築していった。それは、西田哲学のもつ問題点を鋭く指摘し、それを克服しようとした最初の試みとして貴重な仕事といえよう。

しかし、そうした田辺の哲学にも問題点はある。田辺自身は、矛盾・対立の側面を能う限り強調してはいるが、その「絶対媒介」の哲学は本質的にすべてを関係性のうちに解消してしまうものであるということもできる。もちろん、そうした「媒介」関係は、当初から顕わになっているというわけではなく、限りない「行為」を通して少しずつ現成するものとされている。しかし、そうした「行為」の無限性が時に余り強調されていない場合もあるように思われる。

たとえば、「死復活」という概念は、「生」と「死」との相互「媒介」の関係を表したものである。本来であれば、そうした「死復活」が実現するにも、無限の「行為」が必要であると思われるが、それが即時に実現するものであるかのように語られている場合も少なくない。「生」と「死」、「生者」と「死者」との間では、そう簡単に相互「媒介」が現成するものではないはずである。田辺の「死の哲学」は、「死」というもののもっている「生」に対する絶対他者性、絶対異質性の側面を覆い隠すことになってしまう危険性ももっているように思われる。

また、「絶対無」と有限的存在との「媒介」関係にも問題がある。田辺は、「絶対無」そのものを一挙につかむことはできず、有限的存在に現成した限りにおいてそれを知りうるだけであると説く。そうした考え方は、確かに「観想」の哲学に対する批判として機能しうるが、しかし、逆にいうと、「絶対無」はそこに現成した有限な存在を通してしか把握できないということなのであるから、そこではそうした有限な存在を絶対化してしまう恐れもある。論文「国家的存在の論理」が、国家を絶対的なものの「応現存在」であるとして絶対視する危険性を生んでしまったのも、そうしたことによると思われる。

個々の存在の独自性をみつめながら、しかもそこに関係性を見いだそうとした田辺の困難な試みは、われわれにとってもいまだに課題であり続けているといえよう。

第三章

和辻哲郎——「間柄」の底にある「空」の運動

WATSUJI Tetsuro, 1889-1960

「人は絶えず他者からしてある、負い目を持っている、他者に依存している、従って人の自性は否定されねばならぬ。その意味で人の本質が空であるということは当然の帰結である。……しかしそれだからといって人が根本的に脅かされている、恐ろしい破滅の淵に臨んでいるというわけではない。たとえば、仏教で言っているような「絶対空」は破滅ではなくて救いであります。」

（『弁証法的神学と国家倫理学』）

はじめに

西田幾多郎が、常に最も直接的で具体的な立場から哲学を出発させたのと同じように、和辻哲郎もまた「最も常識的な日常生活の事実」から思索を始めようとした。和辻にとって最も自明な事実とは、人が人との「間柄」のなかを生きているということであった。では、そうした「間柄」を形成している原理とは何か。和辻もまた、そこにいかなる形而上学的原理を持ち込むことも拒否した。そして、「間柄」の根底にあるのは「空」の運動であると考えた。彼がそうした「空」の哲学を説くようになるのは、直接的には大正期における彼自身の仏教研究の影響によるものと思われる。しかし、同じ時期に大きな展開をみせていた西田の「無」の哲学も十分に意識していたはずである。

すでに述べたように、西田の哲学では「無」が新たな形而上学的原理として実体的にとらえられてしまう危険性が常に存在した。それに対して和辻は、既成の個人や社会のあり方を絶えず相対化し否定していく無限の運動として「空」をとらえている。そうした考え方に立てば、個人の立場に執着することも、逆に何らかの特定の社会集団に固執することも、「空」の運動に反することになる。和辻は、こうした「空」の哲学によって、西田の「無」の哲学の限界を超えようとしたのだと思われる。

ここでは主に和辻の主著である『倫理学』について検討しながら、彼の「空」の哲学の可能性について考えていきたい。

1 美と倫理の間

†「形」の再興

和辻哲郎は一八八九（明治二二）年、兵庫県神崎郡砥堀村仁豊野に、父・瑞太郎、母・政の次男として生まれた。ちなみに、同じ年に、ハイデッガーやヒットラーも生まれている。

父は村の医者で、「「医は仁術なり」という標語を、まじめに自分の実践の指針としていた」（「私の信条」）という。そうした父への尊敬の念が、のちに倫理学者和辻を生みだす要因の一つとなったものと思われる。また彼の自伝には、伝統的習俗を守りながら暮らす故郷の農村共同体への郷愁が語られている。

和辻は六歳のとき、神戸ではじめて歌舞伎を見物し感銘をうけたという。彼の芸術に対する鋭い感受性は、幼い頃からのものだったようである。

一九〇一（明治三四）年、和辻は兵庫県立姫路中学校に入学する。在学中、藤村操の投身事件が起こり、和辻も大きな衝撃を受け、文学や哲学への関心を深めていった。

一九〇六（明治三九）年、第一高等学校に入学する。和辻は上京し、はじめての大都会の光景に驚いたという。しかし学校では、「忠孝」を押しつける国家主義的な教育体制に強い反発を感じるようになる。和辻はのちに、みずから国民道徳論を説くようになるが、そこでも「忠孝」を中心にしたそれまでの国民道徳論には批判的であった。

一九〇九（明治四二）年、東京帝国大学文科大学哲学科に入学する。和辻は小説や戯曲の創作にも熱意を示し、谷崎潤一郎らと第二次『新思潮』を創刊し、また『スバル』や『三田文学』にも寄稿する。和辻の作品は、当時流行していた世紀末的な頽廃や官能を描いた耽美的なものが主であった。

ただし、そこには和辻独自の特徴もみられる。特に目を引くのは、死顔にひかれる不思議な人物が何度か登場する点である。たとえば戯曲「常磐」の清盛は、「私は女の死に顔を見るのが好きだ。あの黒い長い髪の毛に包まれた蒼白い顔を見るのが好きだ」と語る。

そこには、死顔のように生命が断ち切られたところにこそ、かえってより深い生命の本質が現れでるという考え方がみられる。のちに和辻は論文「面とペルソナ」(一九三五年)で、人格を表す「ペルソナ」という言葉が、もともと演劇で用いられる「面」を意味していたことを指摘した上で、「面」というものが演劇において「実際に生きている人の顔面よりも幾倍か強く生きてくる」と述べている。

こうした考え方は、「形」の重視ということにもつながっている。たとえば、戯曲「常磐」の翌年に書かれた評論「エレオノラ・デュウゼ」では、「強い情熱」だけが売り物であったデュウゼという女優が、そうした情熱を抑えた「形」「Form」「Still」といったものに基づく演技に開眼し、演劇を「象徴主義」にまで高めたことが高く評価されている。同じような考え方は、のちの評論集『偶像再興』(一九一八年)の序言にもみられる。そこで和辻は、単に生命を阻害する「偶像」の破壊だけでなく、最終的には「生命の流動に統一ある力強さを与え」る、新たな「偶像」の再興を求めている。

こうした「形」への希求は、奔放な芸術的情熱に次第に歯止めをかけることとなり、それにともなって和辻は耽美主義者から、人格の実現に最高の価値をおく人格主義者へと変貌していく。彼は当時を次のように回想している。

「私がSollen〔倫理〕を地に投げたと思ったのは錯覚に過ぎなかった。Sollenは私の内にあった。……私自身はAesthet〔耽美主義者〕でなかった。かくて私は一年後に、Aesthetのごとくふるまったゆえをもって烈しく自己を呵責する人となった」(『偶像再興』)

一九一二(明治四五・大正元)年、和辻は横浜の貿易商の娘、高瀬照と結婚し、さらに東京帝大を卒業する。

翌年、和辻は処女作『ニイチェ研究』を刊行する。これは本能の肯定論者といった従来のニーチェ像を否定し、「生の向上」を理想とする人格主義の立場からニーチェの思想を体系的に解釈したものである。しかし、いずれにせよ和辻がニヒリズムを説いたニーチェを最初に扱っていたということは、その後登場する彼の「空」の哲学を考える上でもやはり注意しておかなければならない点であろう。

さらに一九一五(大正四)年には、『ゼエレン・キェルケゴオル』を刊行する。ここでも和辻は、「絶望」を通して人格の向上につとめる人格主義者としてキルケゴールを描いている。和辻は、この頃から夏目漱石門下や白樺派とも交流するようになり、大正期を代表する思想家となっていく。

†日本の古代文化への憧れ

一九一七（大正六）年に、奈良旅行をして古代美術に深い感銘を受けたのがきっかけとなって、和辻は日本の古代文化に関心をもつようになり、一九一九（大正八）年に『古寺巡礼』を刊行する。のちの和辻は「国民」という共同体を重視するようになるが、『古寺巡礼』には文化というものを単一の民族や国家の枠内で論じようとする姿勢はまだない。たとえば、奈良の仏像のうちにギリシア・インド・中国などからの強い影響をみようとしているし、またそれらの作者には、大陸からの「帰化人」や「混血人」が多かったことを強調している。和辻は、「固有の日本人の「創意」などにこだわる必要はない」とし、「外国人」がわれわれの祖先となった以上、彼らの作った文化が日本の文化である点に変わりはないとする。ここには、日本の文化を孤立したものとして捉えるような発想はなく、各文化間の交流の上に立った、日本文化の国際主義・雑種主義・混血主義といったものが説かれている。

さらに一九二〇（大正九）年には、『日本古代文化』を刊行する。そこで和辻は、大和王権が武力ではなく祭祀によって国を統一し、祭司を君主としたと説いている。のちに和辻は、天皇とは祭祀を通して国民の「生きた全体性」を表現する者だと考えるようになるが、ここにはそうした和辻の天皇論の原型が示されている。また、日本の古代が「衆議」を重んじたことを強調し、古代ギリシアのデモクラシーのイメージと重ねあわせているが、そこには当時の「民本主義」の考え方が反映しているといえよう。

和辻は、一九二〇（大正九）年に東洋大学教授、さらに一九二二（大正一一）年に法政大学教授となるが、これらの大学で日本思想史の講義をおこなったことがきっかけとなって、飛鳥・奈良時代から鎌倉時代に至る日本の文化や思想に関する論文を次々に発表していく。それらは、一九二六（大正一五・昭和元）年に『日本精神史研究』としてまとめられる。そのなかの論文「飛鳥寧楽時代の政治思想」で和辻は、大化改新による公地公民制を高く評価し、それが「国家社会主義的」な一つの革命であったと述べている。のちに和辻は経済活動も人倫に基づいたものでなければならないと説き、「欲望充足を目ざして活動する人」という西洋近代の「経済人」という概念を否定し、資本主義を私利私欲に基づくものとして批判するようになる。

†「空」に根ざした「きまり」「かた」

一九二五（大正一四）年、和辻は西田幾多郎らの招きにより、京都帝国大学文学部講師（倫理学担当）となる。赴任してまもなく和辻は、理論的研究と政治的実践とを区別すべきだとして、マルクス主義者河上肇と論争を起こす。

またこの頃から和辻は、原始仏教の研究を始める。すでに日本古代の仏教文化に深い関心を寄せていた和辻は、仏教そのものを源流にまで遡って理解しようとしたのである。その成果が、一九二七（昭和二）年に刊行された『原始仏教の実践哲学』である。和辻によれば原始仏教とは、主観客観の対立以前の「素朴な現実存在そのものの有り方」としての「存在の法」を説いたものである。それは、いいかえれば「日常生活的経験を可能にする範疇」としての「きまり」「かた」であるという。この「存在の法」としての「きまり」「かた」には、「究極の根拠は無」く、いうなれば「絶対空」に根ざしたものだと和辻は解釈する。こうした考え方はのちに、「日常生活」における「人間の行為的連関の仕方」としての「きまり」「かた」を、「空」の哲学によって基礎づけていこうとする彼の倫理学の体系となっていく。

一九二七（昭和二）年から翌年にかけて、和辻はヨーロッパに留学する。このときの旅行体験が、のちに風土論となって結実する。また、先に述べたように大正期までの和辻は国際主義・世界主義ともいえるような立場に立っていたが、留学後は、「国民」共同体を重視するようになり、「国民の全体性の表現者」として天皇を考えるようになっていく。ただし、そのことから和辻を単純なナショナリストととらえるのは早計である。彼の国家論や天皇論は、「空」の哲学をふくめた彼の思想全体のなかでとらえ直していく必要があるのではなかろうか。

一九三四（昭和九）年、和辻は東京帝国大学文学部教授（倫理学担当）に転じる。この年彼は『人間の学としての倫理学』を刊行するが、これは主著『倫理学』の原型をなすものである。また、帰国後次々に書かれていた風土に関する一連の論文が、一九三五（昭和一〇）年にまとめられ、『風土』として出版された。『風土』に関しては、のちに論じることにしたい。

2　人間存在と「空」

†最も常識的な日常生活の事実

一九三七（昭和一二）年、和辻は『倫理学（上巻）』を刊行する。その後一九四二（昭和一七）年には中巻が、さらには戦後の一九四九（昭和二四）年には下巻が出される（ただし、後に上巻と中巻とが一つにまとめられて、上巻とされるが、ここでは最初の分け方に従う）。『倫理学』は和辻の哲学的主著であり、そこで彼の「空」の哲学が展開されている。以下、主に上巻に即してその内容を詳しくみてみよう。

和辻は、みずからの哲学を「最も常識的な日常生活の事実」から出発させようとする。たとえば、ただ一人で書斎に閉じこもって、哲学的著作にふけっている哲学者を考えてみよう。彼にとって最も身近な存在は、机、紙、ペン、書物、窓、窓から見える表の通りなどである。彼はそれらを手でさわったり、眼でみたりしている。一般にはそうしたことが、最も身近な事実であると考えられている。

しかし、実際にそうであろうかと和辻は考える。著作にふけっている哲学者にとって、最も身近な事実とは、文章を書いていること、そのことではなかろうか。その際、書くということは、読む相手を想定することなしには成立しない。書物を読み文章を書くこと自体、すでに「われの意識」を超えた他者との連関のなかで行われているのである。したがって、そこでは最も身近な事実とは、「われの意識」を超えた「読者との関係」であると和辻は考える。

そのことは、そこで書かれた著作を読む読者に即して考えた場合でも同様である。書斎でただ一人著作を読むものも、読むことにおいてすでに著者に接しているのである。そこで和辻は、哲学の出発点とすべきは、「われの意識」ではなく、自己と他者との「間柄」

であると考える。

では、こうした「間柄」とはどのような構造をなしているのであろうか。著者は読者との関係によってはじめて著者となり、読者もまた著者との関係によってはじめて読者となる。しかし同時にまた、そうした関係は最初からあるものではなく、あくまでも読者と著者とが作るものでもある。こうした事態は、あらゆる「間柄」においてみられる。学生と教師とは学校に入ることによってはじめて学生となり教師となる。しかし学生と教師がいなければ、学校という団体は成り立たない。

和辻はこうした関係において、個々の成員が先に存在しなければ、「間柄」が成り立たない側面を、「間柄」の「個人性」の契機とよび、個々の成員に先立って「間柄」がなければ、個々の成員が成員として限定されない側面を、「間柄」の「全体性」の契機とよぶ。

†身体と「空」

和辻によれば、この「個人性」と「全体性」とは、しかしともにそれ自身においては実体のない「空」なるものであるという。それはどういう意味であろうか。

まず「個人性」の契機からみてみよう。たとえば、個々の人間はたしかにそれぞれみな自分個人の肉体というものをもっている。しかし、日常生活において肉体は「個人性」のなかに閉じこもっているわけではないと和辻は考える。むしろ肉体は、「行為の主体の表現」であり、他者との「実践的連関の表現」であるという。たとえば、友人が会釈をしてきたとき、わたしたちはそれを個人の生理学的な肉体の運動としてではなく、親愛の表現として受けとめる。

たしかに、医者が患者をみる場合などは、肉体を純粋な生理学的対象として取り扱っているといえるかもしれない。しかしそれは、通常の人間関係を捨象した設備のなかで、人からさまざまな「資格」を取り除き、人工的で抽象的な関係を作りあげることによって成り立つ例外的なケースである。しかも生理学的対象としての肉体は、個別的物体ではあっても、人間の「個人性」ではないと和辻はいう。

このように考えると、肉体は決して個別的なものではなく、すでにさまざまな「間柄」における「資格」をもったものであることが理解できる。こうした「肉体的連関」は、その結合の仕方に相違があるにせよ、「間柄」のあるところには必ず見出されると和辻は考える。しばらく離れていた友人に逢いたくなるのは、肉体の引力ともいえるものに引かれるからであるという。もちろん、肉体的感覚そのものは共有できない。他人の足の痛みは、自分の足の痛みではない。しかし、たとえば時候のあいさつは、わたしたちが暑さ寒さを共有していることを表している。

肉体が独立した個体となるためには、肉体の背負っている「資格」を破壊し、「間柄的存在」から背反しなければならない。和辻はその例として、二つの場合をとりあげている。一つは、先に述べたような生理学的対象としての肉体である。それが人間の「個人性」を意味しないことは、すでに述べた。もう一つは、世俗の人間関係を断ち切った宗教的場面における肉体である。たとえば神の前で一人祈る者の肉体は、あらゆる人間関係から離れている。しかしそれは、神という存在に絶対的に帰依した肉体であり、むしろ逆に個別的独立性の消滅を意味している。あるいはまた仏教の坐禅をする者も、人間関係を脱却した境地を求めている。しかしそれは、肉体の「個人性」を求めているのではなく、むしろ肉体が「空」に帰することをめざしているのである。

このようにして和辻は、肉体の「個人性」というものは存在しないと考える。その本質は「否定」であり、「空」だというのである。

†自我の意識と「空」

では、自我の意識においては、人間の「個人性」は求められるのであろうか。西洋の近代哲学は、自我の意識から出発した。確実にあるのは自我のみであり、一切の他人の存在は、この自我の思惟に媒介されるほかはなく、他人の自我が存在するかどうかは、かならずしも確実ではないと考える。

しかし和辻はすでに述べたように、最も身近な日常の事実が、人と人との「間柄」であると考えた。主体と主体との連関は、われわれにとって直接的で明証なものであって、そこに疑いを容れる余地はないというのである。和辻によれば、汝を見る我の働きは、すでに汝の我を見る働きに規定され、汝を愛する我の働きは、すでに汝の我を愛する働きに規定されているという。それは一方的な意識作用が交互に行われるということではなく、いずれの一つの作用も、自他の双方から規定されているということである。つまり「間柄的存在」においては、互いの意識は浸透しあっているというのである。

こうした自他の意識の浸透は、意識のさまざまな側面においてみられるという。親密な間柄では、人はしばしば同一の感情をともに感じる。また対人関係から離れて、物だけを認識する場合にも、その背後には社会的意識が存在しているという。たとえば、たった一人で壁を見る場合であっても、それを単に土や砂ではなく、「壁」として見ている以上、そこには社会的意識が浸透している。さらにまた、食欲や性欲などの欲望も社会的に規定された共同意識にもとづくものだと和辻は考える。

では、そうしたさまざまな意識作用の中心に、それらの作用の統一者といったものを想定した場合には、そこに「個人性」を求めることはできないであろうか。しかしその場合も、すでに述べたように、個々の意識作用が他者の意識作用によって規定されているのであるから、それら意識作用の統一者というものも「個人性」をもったものとはいえない、と和辻は考える。

このように肉体と同様、意識の場合についても、「個人性」を求めていくと、かえってそれが「全体性」のうちに消え去ってしまう。そこで、「個人性」それ自体は独立には存在しないと和辻は考える。その本質は「否定」であり「空」であるというのだ。

†共同体と「空」

それでは逆に、「全体性」なるものはそれ自身で存在するのであろうか。すなわち、個人の地盤としての社会や団体などは、それ自身において把握できるのであろうか。

たとえば家族というものを考えてみよう。家族とは文字通り、「家」の「族」であり、「家」＝家屋において共同して食事や休息をとる。そこでは、家族とよばれる「全体」がおのれを現しているといえよう。個々の成員は、この家族という「全体」にあずかることによって、夫婦・父母・子供などの「資格」が与えられる。そのように考えると、一つの家族の「全体性」は個々の成員を超えたものだといえよう。さらに、祖先をまつる仏壇に象徴されるように、家族とは現在の成員をも超えた歴史的なものでもある。

こうした家族の「全体性」は、個々の成員がその成員としての行為の仕方を逸脱する時に、強くその存在を現してくる。父の放蕩や子の背反などは、家族全体を苦悩におとしいれ、家族は彼らを呼びもどそうとして、その「全体性」の圧力を彼らの上にかけてくる。では、こうした家族の「全体性」は、個々の成員に先立つものとして、それ自身においてとらえることができるのであろうか。考えてみれば、どんな家族であっても、個々の成員が死に絶えたときや、成員としての「資格」を全員が放棄してしまったとき、家族の「全体性」は消滅してしまう。

そう考えると、家族は一つの実体的なものではない。家族としての共同意識とは、あくまでも家族からの独立の可能性をもった個々の人が、それにもかかわらず、家族の成員としての制限された意識を、他の成員と共有することである。

以上のように、家族において全体的なるものを求めようとすると、かえってそれを構成する個人的な契機に突き当たることになる。「全体性」とは、この個人を制限する力にほかならなかった。和辻は、こうした事態は家族以外の集団にもあてはまるとする。したがって、人間におけるすべての全体的なるものは、それ自身においては存在しないと和辻は考える。その究極の真相は、「空」であるというのである。

3 否定の運動

†空を空ずる

こうして和辻は、「個人性」も「全体性」もそれ自身においては存在せず、ただもう一方との連関においてのみ存在すると考えた。「個人性」を突きとめようとすると、それが結局「全体性」のうちに消え去るのをみた。それは逆にいえば、「個人性」というものは「全体性」を否定するところにのみ成り立っているということである。一方、「全体性」を突き止めようとすると、結局「個人性」のうちに消え去るのをみた。それは「全体性」というものが、「個人性」を否定するところにおいてのみ成り立っていることを示している。

このように「個人性」も「全体性」も、それ自体においては存在せず、他を否定し他から否定されることによってのみ存在する。したがって、「個人性」と「全体性」の双方に先立つものは、この「否定性」・「空」のみであるといえよう。ただし、この「否定性」・「空」は「個人性」や「全体性」を離れてあるのではなく、「否定性」・「空」そのものが

「個人性」および「全体性」としておのれを現してくるのである。

しかも和辻は、この「否定性」・「空」というものは一つの運動をなしていると考える。たとえば、「個人性」は「全体性」を否定するところに成り立つといった場合、そこで否定される「全体性」もまた、それに先立つ「個人性」の否定において成り立ったものである。つまり「個人性」とは、それ以前の「個人性」を否定して成り立った「全体性」を、さらに否定することによって成り立っているのである。その意味で「個人性」は、「否定の否定」という「二重の否定」においてあることになる。なぜか和辻はこのことを、「個人性」についてのみ考えているが、理論的に考えれば、もちろん「全体性」に関しても、同様のことがいえるはずである。

さて、このような「否定の否定」とは、いい方を変えれば「否定性」・「空」に「背く」ということである。同じことを「否定性」・「空」に即していえば、「否定性の自己否定」、「空を空ずる」ことともいえよう。しかし、このように「否定の否定」において成り立っている「個人性」も「全体性」も、そこで終わるわけではない。「個人性」はより高次の「全体性」によってさらに否定されるし、「全体性」もより高次の「個人性」によってさらに否定されていく。それは「否定の否定」、あるいは「否定性の自己否定」がさらに否定されて、もう一段高い次元の「否定性」・「空」に帰っていくことである。

このように「否定性」・「空」とは、不断の「否定の運動」なのである。それは「否定性」・「空」が自己否定を通じて、自己自身へと還帰していく運動といえよう。

†不断の創造

以上のような和辻の「空」の哲学は、おそらく西田の「無」の哲学を意識しながら考えだされたものであろう。ただし、すでにみてきたように、西田の「無」というものが、形而上学的原理として実体的にとらえられてしまう危険性を最後までもっていたのに対して、和辻の「空」は最初から「否定の運動」という機能的な意味を強くもっていた。

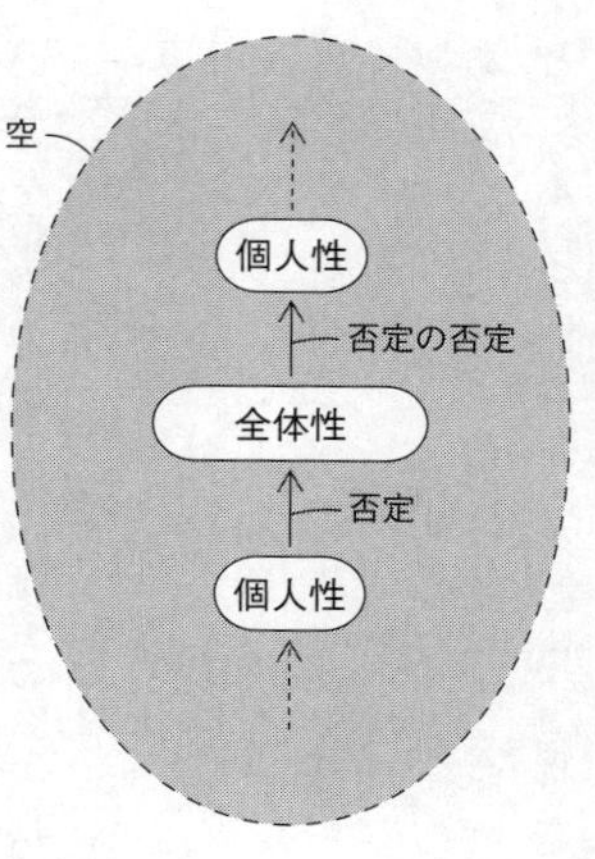

和辻は、人と人との「間柄」を、固定したものとしてではなく、不断に「否定の運動」を実現し続けるところに成立するものとして考えている。したがって、この運動が何らかの仕方で停止したとき、「個人性」も「全体性」も崩れてしまうというのである。たとえば、「個人性」が自己否定を拒めば「全体性」は築けなくなってしまうし、「全体性」が自

己否定を拒めば「個人性」はそのうちに埋没したままになってしまう。和辻によれば、人と人との「間柄」は、渋滞なき「否定の運動」においてのみ成立するものであり、それは「不断の創造」だというのである。ここには、「個人性」であれ、「全体性」であれ、既存のそれを絶えず否定し、革新してやまない、ダイナミックな哲学が語られている。

ただし、和辻はそうした革新性を徹底して貫くことはできなかった。それは一方で和辻にも、やはり西田と同様に「空」を一種の形而上学的原理ととらえてしまうような傾向があったからである。実は和辻は、「空」が自己否定を通じて、自己自身へと還帰していくという「否定の運動」の根源に、「絶対空」・「絶対的否定性」・「絶対的全体性」(この「絶対的全体性」というネーミングは「個人性」ではなく「全体性」の方に本来性があるような印象を与えるため適切なものではないと思われるが)といったものを想定している。したがって、こうした用語を使うならば、「否定の運動」とは、「絶対的否定性が自己否定を通じて己れに還るところの否定の運動」のこととされる。しかも和辻は、「絶対空」・「絶対的否定性」・「絶対的全体性」を、人間存在がそこから出てそこに戻っていく「故郷」であるなどとも表現している。

ここで和辻は、明らかに独断的な形而上学的原理をまぎれ込ませているのではなかろうか。それは、和辻の哲学が本来もっていた革新性を損なうものであったように思われる。

その点はあとでさらに詳しくふれてみたい。

†「空」を根底にした善と悪

以上のように、和辻は「個人性」の底にも「全体性」の底にも「否定の運動」をみた。しかし、すべてが「空」であるというならば、倫理や道徳も否定されてしまうのではなかろうか。これは当然出てくる疑問である。

和辻の「空」の思想は、彼の仏教研究からヒントをえたものであったが、彼はそこで同様の疑問を取り上げている。『原始仏教の実践哲学』では、「「無我」の立場において果たして道徳が建立され得るか」ということを問題にしているし、『仏教倫理思想史』では、「それ自身空であることを明らかにするのは、行為の最も深き根底において善悪の彼岸(jenseits von Gut und Böse)を認めることである」といえるのではないか、とも述べている。

しかしその上で和辻は、「空」を根底にした倫理も成り立つと説いている。それは、「実相は空でありつつも空を遠ざかる方向づけ(Richtung)が煩悩であり、空に帰る方向づけが善法である」(『仏教倫理思想史』)と考えることによってであるという。つまり「空」に向かっての行為が善であり、その逆に「空」から遠ざかる行為が悪だというのである。和辻は『倫理学』においても、まさにそうした立場から善悪を説明している。

ただし和辻は『倫理学』において、善悪について二通りの説明をしているように思われる。まず和辻は、「全体性」から背き出ることが「悪」であるとする。人間が何らかの「全体性」から背き出るということは、「全体性」を破壊することであり、「全体性」にあずかる他の人々から「ヨシ」とされないことである。そればかりでなく、それは自己の根源にある「空の運動」からも背き出ることであり、自己の最奥の本質からも「ヨシ」とされない。それが「悪」である。しかし、何らかの「全体性」から背き出ることによって、自己の根源からも背き出た人間は、さらにその背反をとおして再び自己の根源に帰ろうとする。それは、何らかの「全体性」を実現するという仕方において行われる。だからそれは「全体性」にあずかる人々から「ヨシ」とされるばかりでなく、自己の最奥の本質からも「ヨシ」とされる。それが「善」である。

まず和辻は、以上のように善悪を説明する。しかしこの説明だけでは、個人の立場に立つことが「悪」であり、共同体に属することが「善」であると単純化されかねない。和辻の倫理学が「個人性」よりも「全体性」を重視しているのではないかという、しばしばなされる批判もこうしたところに起因している。しかし、和辻の本来の「空の運動」の考え方からいうならば、「個人性」であれ「全体性」であれ、いずれかに停滞するのが「悪」であり、無限の「否定の運動」を持続させることが「善」であるはずである。そして実際に、和辻も一方ではそのように説いている。

すなわち和辻は、善悪を次のようにも説明する。共同性を実現することが「善」であるにしても、それが成り立つためには、その前提として個人の独立としての「悪」がなければならない。しかも個人の独立の度合いが強くなればなるほど、人倫的合一もまた高度に実現される。そうした観点からみれば、「全体性」からの離脱も「善」であるといえる。「否定の運動」が動的に進展して停滞しない限り、どのような「悪」も「善」へと転化していく。もし「善」に転化しない「悪」があるとするならば、それは「否定の運動」に停滞・固定が生じる場合である。それは二つの方向において考えられる。一つは個人の独立化の運動の停滞である。そこでは「個人性」をめざすことが忘れられ、共同体のなかに眠りこけて「畜群」に埋没してしまう。また、もう一つは個人の独立性の否定の停滞である。そこでは「全体性」をめざすことが忘れられ、共同体が崩壊し、ばらばらのアトム的な個人が出現してしまう。いずれの場合にせよ、このようにもはや「善」に転化しない「悪」が、真の意味での「悪」なのである。

和辻の「空」の哲学からするならば、こうした善悪の説明の仕方の方がはるかに説得的であろう。しかもこうした倫理観は、特定のイデオロギーや形而上学的原理を想定することなしに成り立つものとして、現代においても決して古びることのない意義をもっているように思われる。

4　主体の間の働き合いとしての「行為」

†主体的な空間性と時間性

さて、ここまで和辻は「個人性」と「全体性」という対立項を軸にして問題を考えてきた。その場合、「全体性」は「個人性」の否定において成り立つものであるが、しかしそれはただ一人の「個人性」の否定から出てくるものではない。多数の個人が「個人性」を捨てて、一つとなるところに「全体性」が成り立つのである。そこで和辻は、次にそうした「多数の個を含む全体性の構造」を問題にしようとする。

和辻はそれを、多数となった個人の「主体的なひろがり」としてとらえようとする。たとえば我と汝とは、愛情によって合一したり、敵意によって対立したりしている。また、親切な態度によって相手を内部に引き入れたり、冷淡な態度によって相手を遠ざけたりしている。和辻にいわせれば、それは多数の個人が「間柄」において「主体的なひろがり」

を作って、それを狭めたり広げたりしていることだという。そこには自然の世界のような一様な広がりとしての空間性とは異なった、「主体的空間性」というものがあると和辻は考える。

和辻によれば、「交通」や「通信」といったものは、この「主体的空間性」に基づくものであるという。「交通」や「通信」に示された「空間性」は、「多くの主体に分離しつつしかもそれらの主体の間に結合を作り出そう」という意味での「主体的なひろがり」である。そもそも、主体が分離しないものであるならば、連絡しようとする動きは起こらないし、主体が分離したままで結合しようとしないものであるならば、そこにも連絡の動きはない。和辻によれば、こうした「間柄」における「主体的空間性」こそ、すべての空間の根源であるという。

以上のような、人間の「主体的空間性」の表現としての「交通」・「通信」は、和辻によれば同時にまた「人間の交わりの時間的な展開」をもふくんでいるという。たとえば、私たちが会社や友人の家をめざして道を歩いているとき、その歩行はその行き先によって「あらかじめすでに」決定されているといってもよい。その際、私たちが目ざしているのは、目的地そのものではなく、そこで待ち受けている「間柄」であると和辻は考える。その意味で、行き先において起こるべき「間柄」は、まだ実現していないにもかかわらず、

「あらかじめ」現在の歩行の内に存在しているといえよう。つまり和辻によれば、歩行の本質は、これから起こるべき人間関係の可能性を先取りしているという意味で、「可能的なる人間関係」ともいうべきものなのである。

ただし、こうした現在の歩行のうちに、「あらかじめ」存在している人間関係というものは、同時に何らかの意味で「すでに」存在しているものでなければならない。たとえば、出勤したり友人を訪ねたりするということは、一定の労働関係や友人関係が「すでに」存在しているからこそ可能なのである。たとえ初対面の人を訪ねる場合でも、これまでは無関係であったという「間柄」に規定されているのである。このように、過去の「間柄」は過ぎ去ってしまったものではなく、現在の出勤や訪問において存在し、まさにおこるべき今日の関係として現在の歩行を規定しているのである。もちろん歩行者は、その行き先で昨日までの「間柄」を破壊することもできる。しかし、こうした破壊も過去の「間柄」を背負っているからこそ可能なのである。

以上のように、現在の「間柄」は、過去の「間柄」を背負いつつ、未来の「間柄」を先取りしているのである。「主体的空間性」を生み出す人間関係は、同時にまた「過去と未来との現前における統一」として、「主体的時間性」をもつのである。和辻は、こうした「主体的時間性」こそすべての時間の根源にあるものだと考えた。

†行為の海

以上述べたような、人間存在の「主体的空間性」・「主体的時間性」において、人間の「行為」というものもはじめて成り立つと和辻は考える。

まず「行為」は「主体的空間性」においてある。つまり「行為」とは、「主体の間の働き合い」であるというのだ。したがって個人的意識の立場から「意志の選択決定」などとして「行為」をとらえたり、客観的な物との関係にのみ視点を定めて「行為」をとらえたりするのは間違っているという。また逆に、意識的ではない動作であっても、人間の「行為」とみなされる場合もある。たとえば、電車の中で誤って人の足を踏んでしまった場合、われわれは謝らなければならない。それは乗客であるという、人間関係における一定の「持ち場」に立っていることによる「行為の仕方」を守っていなかったからである。

また「行為」は「主体的時間性」においてもある。「主体の間の働き合い」としての「行為」とは、必ず何らかの過去を背負ったものである。単純に話しかける場合でさえも、親しげな口のきき方であったり、堅苦しい調子であったりなど、相手との間の過去の「間柄」に応じておこなわれる。また同時に、人に何か話しかけるのは、その人との間に未来に向かって何らかの関係を作りだそうとするからである。このように人間の「行為」は、

「既存の人間関係を背負いつつ可能的な人間関係への方向として働くもの」でもあるという。特に「行為」における未来への方向は、従来「行為」の「動機」や「目的」とよばれているものである。しかし、いかに「動機」や「目的」をもっていても、それが個人意識の立場や客観的な物への働きかけという視点からみられたものである場合には、「行為」の契機とはいえないと和辻はいう。

以上のように、「行為」というものが「主体的空間性」「主体的時間性」においてあるとするならば、ただ一つの単独の「行為」といったものは存在せず、すべての「行為」はさまざまな主体の間で「重々無尽に相連関するもの」であることになる。和辻によれば、われわれは日常的に、こうした「行為の海」のなかにいるのである。従来の倫理学では、「行為」とは「目ざし、企て、決意し、遂行するところの意志活動」などとしてとらえられていた。しかしこうしたとらえ方は、「行為」の体系的連関のなかから、一つの断片を切り取って考察したものに過ぎない、と和辻は考える。人間の「行為」は「目ざし、企て、決意し、遂行する」といった一時的な意識作用として反省される以前に、すでに人間の「働き合い」として実現されているのである。

以上が和辻の「行為」論である。このように「重々無尽に相連関するもの」として、人間の「行為」をとらえるということは、人間の「行為」の実相を的確にとらえた優れた見方であるように思われる。しかし、こうした考え方に基づくと、ここでもまた倫理や道徳がどのようにして成り立つのかという疑問が生じてくる。人間の「行為」が「重々無尽に相連関するもの」であるならば、自己のある「行為」がどこまで広く深く他者に影響を及ぼすのか、その波及範囲が確定できない。また、よかれと思ってとった「行為」も、さまざまな形で波及しているうちに、結果として思ってもみなかった事態を引き起こすこともあるはずである。したがって、自己の「行為」がどのような結果を他者にもたらすのかという波及効果も確定できない。そこでは、自己の「行為」の責任をとろうとするならば、その範囲は無限に及んでしまうことになる。また、そもそも自己の「行為」の動機そのものが、「重々無尽に相連関する」他者の「行為」によって生みだされたものなのであるから、当然自分一人で責任がとれるようなものではない。

こうした「行為」論は、ある意味では仏教の考え方に近い。たとえば親鸞は、だれも責任のとれない「行為」の無限の蓄積として世界をとらえ、和辻のいう「行為の海」を「煩悩海」や「無明海」としてとらえた。そこでは誰も責任がとれないがゆえに、取り返しがつかないことへの万人の「懺悔」が要求されることになるのである。

しかし、こうした「行為」論においても、見方によっては倫理や道徳が成り立たないわけではない。それは個々の「行為」はとにかく、それらを超えた「行為の海」全体が、何らかの意味で善の方向をめざして動いていると考えることである。実際に和辻はそのように考えた。

5　合一への運動としての「信頼」

†人間への「信頼」

人間の「主体的空間性」「主体的時間性」に基づく「行為」における善悪を、和辻は「信頼」という形で問題にしている。人は危急の場合、救いを求める声をあげる。それは親兄弟や友人に対してだけではなく、他者一般に対してである。それは、他の人々をすでに初めから救い手として「信頼」しているからだと和辻は考える。

和辻によれば、こうした「信頼」は危急の場合だけではなく、日常的に何らかの人間交渉の行われているところでは必ず存在しているという。たとえば、人は道に迷った時、気軽に道を訊く。それは人が道を教えてくれると信じているからである。もちろん、意地悪から嘘を教える人もいるであろう。しかし嘘を教える人の方も、「信頼」を地盤として承認しているがゆえに、嘘によって意地悪ができるのである。人が他人を「信頼」しないような社会では、嘘ということそのものが成り立たないはずである。

人間の「行為」は、一般にこうした「信頼」の上に立っている、と和辻は考える。他人は猛獣のように気ままに襲ってくるものではなく、危急の時に救いを求めることのできる相手であり、また道を聞いても嘘を教えず、約束をすれば守るものである。こうした「信頼」においてのみ、人は人に働きかける。和辻は、こうした「信頼」の根拠というものを、自他が分裂を通して合一を実現しようとする、人間存在における主体間の運動に求めた。

そして和辻は、こうした意味での「信頼」に応え、「信頼」に値するように「行為」することが、人間存在の「真理」を生起させることであると考える。つまり人間関係における合一への運動が実現する時、「真理」は「起こる」のであり、逆に合一への運動が停滞し阻止される時、「真理」は「起こらない」というのである。このように「真理」とは、客観的に存在するというものではなく、人間関係の合一の運動によって実現される「実践的行為的な真理」であるという。

そして和辻は、こうした「真理」に基づいて善悪を説明する。先に「個人性」と「全体性」という視点から善悪が問題にされたが、さらにここでは、「信頼」に応え、「真理」を生起させることが「善」であり、「信頼」を「裏切り」、「虚偽」を現しめることが「悪」

であるとされる。ただし「虚偽」＝「悪」は、「真理」＝「善」に依存することなく、それ自身で存在することはできないという。たとえば先に述べたように、嘘というものは、「真理」として主張されるがゆえに成立するのである。人間存在が人間存在としてある限り、合一への運動が全般的に停止するということはありえない。すなわち「真理」が起こらないという事態は存在しない。人間存在の運動が停止し、「真理」が起こらなくなるのは、「重々無尽な行為的連関」の、ある個所、ある時においてなのである。

†「信頼」と「否定の運動」

以上が、「信頼」というものに根ざした善悪に関する和辻の議論である。このように和辻は、個々の「行為」に関しては「信頼」に背くことがあったにしても、「行為の海」全体としては「真理」＝「善」の実現に向かって動いているのだと考えた。

和辻が人間関係の基本に「信頼」というものを置いたということは、一見、余りに楽天的な印象を与える。しかし和辻のいう「信頼」というのは、分裂を通じて合一を実現するという、個人を超えた主体間の運動を表現するものであって、通常「信頼」という言葉が意味するような個人のもつ心情を意味するものではない。しかも、合一をめざす運動といっても、それはまったく一体となることを意味しているのではなく、そこには常に自他の分裂も含み込まれているのである。

ただしそうはいっても、和辻の説く「信頼」の倫理がやはり予定調和的な印象を与えることも否定できない。それはなぜであろうか。

実は和辻は、先に述べた「主体的時間性」のところで、次のような議論を展開している。「主体的時間性」において、われわれが背負っている過去の「間柄」とは、究極においては、本来の理想的な「間柄」としての「自他不二の絶対的全体性」というものに根ざしているという。またわれわれが先取りしている未来の「間柄」も、究極的には「自他不二の絶対的全体性」をめざしているものだという。つまり、「我々の出て来た究極の根源こそ我々の還り行く究極の行く末にほかならない」というのである。

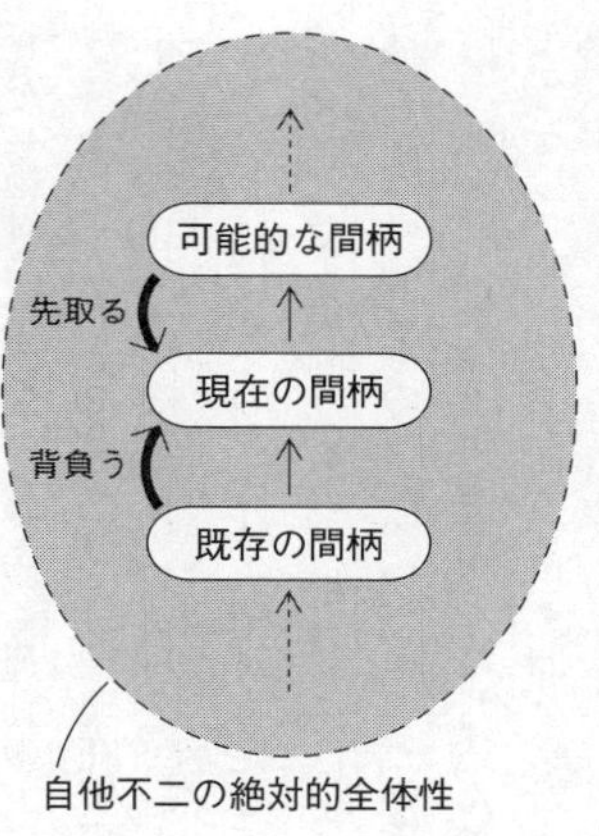

こうして和辻は、「既存の間柄」の源にも、「可能的な間柄」の先にも、本来の理想的な「間柄」としての「絶対的全体性」＝「本来の故郷」をみようとしたのである。こうした考え方を受けて、和辻は「信頼」に関する議論のところでも、「信頼」というものがこう

した「絶対的全体性」に基づく運動の上に成り立っているのだとしている。

しかし、こうした考え方では、現在実現している「間柄」が、そのままですでに「絶対的全体性」＝「本来の故郷」に基づいているかのような印象を与えかねないのではなかろうか。それは現在の共同体を絶対肯定してしまう危険性をはらんでいる。過去の「間柄」がそうした本来的なものに根ざしているという保証はどこにもないし、また未来の「間柄」も本来的なものに向かっているという保証もどこにもないはずである。ここでも和辻は、独断的な形而上学的原理を持ち込んでしまっているといえよう。

こうした考え方になってしまった原因は、「主体的空間性」「主体的時間性」の議論のところで、和辻がなぜか「空」による「否定の運動」を問題にしなくなってしまったところにあると思われる。和辻の理論からすれば、「主体的空間性」においても、個人相互の間に「否定」の運動が働いているはずである。「主体の間の働き合い」のなかで合一への運動が起こるのも、こうした「否定の運動」が絶えず働いているからであろう。また「主体的時間性」においても、過去の「間柄」を背負いつつも、それを現在において「否定」し反省を加えるはずであるし、また未来の「間柄」を先取りしながらも、それを現在において「否定」し修正していくはずである。このように「主体的空間性」「主体的時間性」においても、「空」は「間柄」を徹底的に批判し、たえず相対化していく働きとして機能するはずのものだったのではなかろうか。そして、そのような意味での「否定の運動」が、人間存在の根底には絶えず働いているという意味で、「行為の海」が総体として「信頼」に「真理」に「善」に向かっているといえるのではなかろうか。

†「行為の仕方」としての「かた」

しかし、このように倫理というものを絶えざる「否定の運動」としてとらえるとすると、日々の生活における具体的な倫理規範というものは、成立するのであろうか。

その点を考えるとき、まず注意しておかなければならないのは、和辻は人間の「行為」を「重々無尽に相連関するもの」としてとらえているため、具体的な倫理規範に関しても、それを個々の行為者の内面のあり方に関わるものとしてはとらえていないという点である。和辻は、「信頼」とは行為者のもつそれぞれの「社会的な持ち場」に応じたものだとする。つまり人は会社員、教員、学生、運転手、農民、商人等々として「行為」するのであり、そこではあらかじめその「持ち場」に応じて「行為の仕方」が期待されているという。そうしたそれぞれの「持ち場」に応じた「行為の仕方」というものが、具体的な倫理規範だというのである。それを和辻は、「きまり」「かた」という言葉でも表現している。

では、そうした「きまり」「かた」はどのようにして生まれてくるのであろうか。和辻によれば、動的な人間関係において「行為の仕方」が、絶えず繰り返して「一定の仕方」において実現されていくとき、人は「常に」現れるその「行為の仕方」を、その動的な人間関係の地盤から引き離してとらえることができるようになる。それが「きまり」「かた」なのだという。

ただし、もちろんこうした「きまり」「かた」は、動的な人間関係を離れてそれ自身においてあるのではなく、あくまでも人間における「行為の仕方」として、多数の主体の間の「行為的連関」に即してのみ存在するのである。したがって、「きまり」「かた」は、その地盤にある人間関係の変化によって、常に移りかわっていくものなのである。したがって時代によって、同じ時代でも地域によって、同じ時代同じ地域においても、家族が相手か隣人が相手かによって、具体的倫理は変わるのである。

事実、和辻は『倫理学（中巻）』において家族から国家に至るさまざまな共同体の構造を述べ、それぞれのレベルでの共同体において異なった規範が必要なことを説いている。さらに『倫理学（下巻）』では、人間存在の歴史的・風土的構造を明らかにして、歴史の変化や風土の違いによって具体的な倫理規範も異なった姿をとるものとしている。

こうした具体的な倫理規範に関する和辻の考え方は、その根底に「否定の運動」を貫徹させても充分に成り立つものである。つまり、「否定の運動」に根ざして「きまり」「かた」を絶えず新たに構築し、さらにそれを常に批判し吟味していくという倫理観である。実はこうした「空」に根ざした「きまり」「かた」という発想を、和辻はすでに仏教から学んでいるはずである。先に述べたように、和辻は仏教の「法(ダルマ)」というものを「きまり」「かた」として解釈していた。しかも、いうまでもなく仏教では「法(ダルマ)」の根底は「空」である。ただし、仏教の「法(ダルマ)」は現実世界を成り立たせている不変の秩序を表している。それを、絶えず変化する日常の具体的な倫理規範として読みかえればよいのである。

その点でいえば、そうした意味での倫理規範は、日本の伝統芸能の世界における「かた」というものにある意味でより近いともいえよう。そこでは、「かた」に関して「守・破・離」という考え方がある。「守」とは伝統的な「かた」を学び継承していく段階、「破」とはそうした伝統的な「かた」をいったん壊していく段階、「離」とは新たな「かた」を創造していく段階である。しかも、そうした「かた」は、常に自由な「空」の境地にいたるための通路として考えられているのである。和辻の説く「かた」「きまり」も、本来はそうしたものでなければならなかったはずである。

†「私的存在」と「公共的存在」

さて、以上のような立場から具体的倫理規範を考えた和辻は、先に述べたように『倫理学（中巻）』において、家族から国家に至るさまざまなレベルでの共同体において異なった規範が必要なことを説いている。ただしそこでは、それらの規範を、「空」の哲学によって相対化し、批判するという観点が著しく弱められてしまっている。

そうなってしまった最大の原因は、それまで「空」の哲学の根底にあった「個人性」と「全体性」という対立項に代わって、さまざまな共同体を区別する原理として、「私的存在」と「公共的存在」という対立項を持ちだしてきた点にあるものと思われる。

ここで和辻のいう「私的存在」とは、個人のことではなく、特定の人たちには徹底的な相互参与を求めながら、他のあらゆる人に対しては参与を拒むというあり方をする存在のことである。和辻によれば、ほとんどすべての共同体は、そうした存在であるという。たとえば、夫婦・家族・仲間・村落といった共同体は、他の個人や団体の参与を欲しなかったり、拒んだりするのであるから、「私的存在」といえよう。

しかし、「私的存在」はその内容が「公表」され、「世間にあらわにされる」ことによって「公共」的となる。「公共性」は「私的存在」に対して、その限界の外にあるより大きな共同性を指し示すことになる。日本語には共同体を表すのに、「世間」という言葉がある、と和辻はいう。それは、「世間に知られる」という用法にみられるように、「何事かの知られる場面」「何事かのあらわになる場面」をさしている。このような「物事のあらわになる場所」としての「世間」の性格を、和辻は「公共性」とよぶ。

ただし、「私的存在」と「公共的存在」という区別は相対的なものである。どのような共同体も、より小さな共同体に対しては「公共的存在」であり、より大きい共同体に対しては「私的存在」なのである。だとするならば、「私的存在」のさまざまな段階をたどることによって、「公共的存在」の実現段階をもたどることができるはずである。そうした観点に立って和辻は、家族から国家に至る重層的な共同体の構造を描き、それぞれの共同体における「行為」の「きまり」「かた」としての規範を明らかにしていく。たとえば、家族における「親愛」、親族における「相互扶助」、地縁共同体における「博愛」、経済共同体における「職分の自覚」といったものがそれである。

そして和辻は、「国家」というものを最高の「公共的存在」と考える。もちろん、「人類一般の公共性」というものを考えることもできよう。しかし和辻によれば、「国民」の共同性は「個々の市民が存在を共同すること」によって成り立っているのに対して、「国際的共同性」は「国民と国民との間の共同性」であり、「個々人の間の共同性」ではないという。したがって和辻は、「国民的存在を全然脱却した世界市民の共同」というものを否定する。彼によれば、「国際的共同性」は「世間」ではなく、「世界」なのだという。

以上が具体的な共同体に即した倫理に関する和辻の議論であるが、そこでは「個人性」と「全体性」という対立項が、いつのまにか「私的存在」と「公共的存在」という対立項へとずれていってしまっている。そのため、個人が共同体を否定し、共同体が個人を否定するという「否定の運動」が、ここでは背後に退いてしまい、かわって共同体をどのように、より公共的なものにするかという点に問題が移ってしまっている。しかもそこでいわれている「公共性」とは、単に「私的存在」があらわになる場所という意味であって、西洋の「パブリック」という概念とは異なったものである。そして、「私的存在」もより上位の「公共的存在」のなかにうまく収まってしまい、両者の間で軋轢が生じるということもない。これは、「わたくし」と「おおやけ」という、まったく日本的な公私の考え方に過ぎない。そのことは、和辻が「公共的存在」を「世間」という言葉にいいかえているところにも端的に現れている。

6 「空」の哲学と文化相対主義

†「風土」論の射程

以上のように、『倫理学（中巻）』の具体的な共同体の倫理を扱う場面では、和辻の「空」の哲学が充分に機能することはなかったといえよう。ただし、こと倫理という場を超えて、より広く文化全体という観点から共同体を問題にした場合には、和辻にも「否定の運動」に即したよりダイナミックな発想がみられるように思われる。

たとえば『風土』には、そうした考え方が明らかに存在する。和辻は『風土』で、「モンスーン」「沙漠」「牧場」という風土に根ざした文化の三つの類型を提起しているが、彼はそのいずれも絶対視することなく、まったく相対的な視点で扱っている。こうした文化の多様性に対する開かれた理解は、当時としては非常に斬新なものであったといえよう。それは同じ一九三〇年代に、アメリカの文化人類学者ルース・ベネディクトらによって説かれた「文化相対主義」の主張と似た面をもっている（ただし、皮肉にも和辻はベネディクトの『菊と刀』には批判的であった)。「文化相対主義」は、西洋文化を唯一の基準とする、それまでの「文化進化論」に対して、文化の多様性を認め、異文化を自文化の価値判断で一方的に裁くことなく、相互に尊重し合おうとするものである。そしてそれは、現実に第三世界において植民地主義からの解放の理論的支柱ともなったといわれている。和辻の風土論にも、こうした「文化相対主義」と同じような考え方がみられる。

ただし「文化相対主義」は、文化を自己完結的で閉鎖的なものとみなしてしまう傾向をもっている。その点、和辻には「文化相対主義」を超えるような視点もみられる。たとえば和辻は、文化の自己認識というものは、異文化体験を媒介とすることによって初めて成り立つことを強調している。それは『風土』のなかで、風土の相違を理解する前提として、「旅行者」の視点というものをもちだしているところに、よく現れている。和辻によれば、「人間は必ずしも自己を自己において最もよく理解し得るものではない」のであり、「人間の自覚は通例他を通ることによって実現される」という。「モンスーン」の人間は、「旅行者」として、「沙漠」という「他者」を体験することによって、「沙漠」とは全く異なる「モンスーン」のあり方を初めて自覚するというのだ。

しかも和辻は、そうした異文化との接触は、文化の自己認識を生み出すばかりでなく、さらには自文化の変容をもたらすとしている。自己を自覚した「旅行者」は、実はもはや即自的な「モンスーン」的人間ではなくなり、自己変容をきたしているのである。このように異文化と出会うことによって、みずからが変容を遂げていくあり方を、和辻は「旅行者の体験における弁証法」という言葉で表現している。そして、そうしたことは、人間ばかりでなく文化そのものの伝播においても当てはまるという。その具体例として、和辻はキリスト教をあげている。「沙漠」で生まれたキリスト教が、地中海世界に広まることにより、「潤い」をもった愛の宗教となり、さらに西欧に入ることによって、「無限に深いもの」への欲求と結びついていったという。このように、一つの共同体から生まれた文化が、その生誕地を離れ、異郷を旅しながら各地の土着思想と共鳴し、その地の文化を変容させると同時に、みずからもその養分を吸い上げて、その内容を発展させていくあり方を、和辻は「世界文化の構造連関の弁証法」とよんでいる。

『倫理学（中巻）』では、さまざまなレベルの共同体が国家の下に同心円的に重なっているだけであって、異なった文化をもった共同体との接触や、それによる文化変容といった問題にはまったく触れられていなかった。それに比べて、以上のような『風土』の考え方は、多様な文化が相互に「否定」し合い、関係し合いながら、新たな文化を創造していくという点において、和辻の「空」の哲学により近い発想に基づくものといえよう。それが倫理学の領域にも応用されていれば、ある共同体の倫理が他の共同体の倫理と葛藤を起こすことによって、より開かれた新たな倫理が創出されるといったような倫理生成の動的プロセスが説かれるようになっていたかもしれない。

†動的な世界史の構想

こうした風土論にみられる考え方は、戦後になるとさらに歴史の動態と結びついて一層強調されるようになる。特に一九四九（昭和二四）年に発表された『倫理学（下巻）』では、世界史の動態のなかでの文化変容に関する議論が展開されている。

そこでは『風土』において提起されていた「旅人性」が、「国家」間・「民族」間の交流と、それに基づく歴史意識の問題へと展開されている。つまり「国家」の自覚というものは、他の「国家」を媒介とすることによって、初めて生まれてくるものであるというのだ。そして、多くの「民族」は互いの間の対立抗争を通じて歴史的自覚に近づいていったのであり、国民をその閉鎖的な自己圏内においてのみ見ようとする立場は、かつて歴史的自覚をもたらしたことがないとする。

したがって異民族の間を「さまよい歩いた民族」が、特に強い民族的自覚と歴史意識をもたらしたという。たとえば本格的な歴史の自覚を人類にもたらしたユダヤ民族は、「太古の伝説の時代からすでに異民族の間の、また諸国家の間の、「旅人」であった」とし、ユダヤ民族の強い民族的自覚や旧約聖書に表された歴史的自覚と、その「旅人性」とは決して無縁ではないとしている。

そして和辻は「個性を異にした諸国民の間の連関」と、それに基づく「時代的な展開」との総合として世界史を描いていこうとする。たしかにここでも、「国家」に焦点が当てられている。しかし、このように「国家」や「民族」というものの即自的な自己同一性を否定し、それが他者を媒介とすることによってのみ形成されるという考え方は、「国家」そのものがフィクショナルな性格をもったものであることを指摘したものと解釈することもできる。

しかも実際に世界史を叙述していく時、和辻は国家を超えた広域にも眼を向けていく。彼は、『風土』の「モンスーン」「沙漠」「牧場」という三つの類型を再び導入し、これら三つの地域において、それぞれがどのように「超民族的な文化圏」を形成し、それら三者が相互にどのような影響を及ぼし合っていったかを追いかけている。そして、やがて西ヨーロッパによって、世界史上はじめて全世界を「一つの世界」としてみる立場が作られたとする。

以上のような戦後書かれた『倫理学(下巻)』の世界史の構想にそって、戦前の『倫理学(中巻)』で述べられている具体的共同体の倫理に関する議論に、もっと大胆な修正が加えられていたなら、『倫理学』全体もより魅力的なものになっていたかもしれない。

†戦後の和辻

『倫理学（下巻）』が刊行された一九四九（昭和二四）年、和辻は東京大学を停年退官する。そして翌年には、『鎖国』を刊行する。戦前の和辻は、西洋の植民地政策を激しく批判したが、この『鎖国』では一転して、西洋の世界進出を、「無限探求の精神、視野拡大の精神」によるものとして、積極的に評価し、その可能性が同じくありながらも、近世に国を閉ざしてしまった日本を批判している。

一九五二（昭和二七）年には、『日本倫理思想史』を刊行する。この書は、戦前の『尊皇思想とその伝統』（一九四三年）を書き換え補充したものである。和辻は『尊皇思想とその伝統』において、『古事記』を中心とした古代の文献のなかに現れる最も重要な倫理思想として、「清さの価値の尊重」・「人間の慈愛の尊重」・「社会的正義の尊重」の三つをあげ、その後の日本倫理思想史を、これら三つの倫理思想の展開過程として描いている。しかもこれら三者はいずれも、尊皇思想と深く結びつけられ、各時代において取り上げる思想も尊皇思想に限られていた。それに対して『日本倫理思想史』では、同じく三つの価値の尊重が日本倫理思想史を貫くものとされながらも、「あたかも著者が尊皇思想だけを日本の倫理思想と考えているかのような誤解を受けた」という反省に立って、それ以外の日本の思想の多様な展開が語られるようになる。そのなかには、尊皇思想のうちに収まらないばかりか、それを超えて何らかの意味で普遍性に向かって開かれていると思われるような思想も多く扱われている。

最晩年の和辻は、日本の伝統芸術の研究に専念するようになり、一九五五(昭和三〇)年には、『日本芸術史研究』(第一巻「歌舞伎と操浄瑠璃」)と『桂離宮』を刊行する。またこの年、文化勲章を受章する。

一九六〇(昭和三五)年一二月二六日、心筋梗塞のため死去する。享年七一歳であった。

おわりに

以上述べてきたように、和辻の「空」の哲学は人間の個人性と社会性の双方を相対化し、既成の倫理を絶えず批判する「否定の運動」として働くべきものであった。ただし和辻自身、その可能性を充分に発揮することはできなかった。

しかしそうはいっても、彼の思想の根底には常に「空」の哲学が潜んでいることもまた事実なのである。それは倫理学の分野よりも、『風土』などの文化論や、戦後の世界史の構想などに一層よく現れているように思われる。

　したがって、そうした所に現れた考え方を、ひるがえって倫理学の分野に反映させ、和辻の豊かな可能性をどこまで引きだすことができるかということが、これからのわれわれの課題なのではなかろうか。

第四章

九鬼周造――「無」としての「偶然性」

KUKI Shuzo, 1888-1941

「偶然においては無が深く有を侵している。その限り偶然は脆き存在である。偶然は単に「この場所」にまた「この瞬間」に尖端的な虚弱な存在を繋ぐのみである。……無をうちに蔵して滅亡の運命を有する偶然性に永遠の運命を付与するには、未来によって瞬間を生かしむるよりほかはない。未来的なる可能性によって現在的なる偶然性の意味を奔騰させるよりほかはない。」

（『偶然性の問題』）

はじめに

九鬼周造によれば、人間は本質的に「偶然性」というものに貫かれた存在であるという。男として生まれたことも、日本人として生まれたことも、二十世紀に生まれたことも、ある意味でいえばすべて偶然である。そして九鬼は「偶然性」の本質は「無」であるとした。彼は足かけ八年にわたっての西欧留学中に、その独自の思想を形成していった。したがって、彼の「無」の哲学の形成には、日本の哲学者よりもむしろハイデッガーなどの影響が強い。しかし帰国後、西田幾多郎の招聘によって京都大学に勤めるようになってからは、当然西田の「無」の哲学も充分に意識したはずである。

ただし、九鬼の「無」のとらえ方は、西田とも、田辺とも、和辻とも異なっている。九鬼によれば、「必然性」の本質が「同一性」にあるのに対して、「偶然性」の本質は「同一性」が破られたあとの「二元性」にあるという。その意味で「偶然性」とは、「同一性」である「有」の裂け目としての「無」において成立するものなのである。

このように、九鬼において「無」とは、世界の「二元的」な対立や分裂と深く関わっているものなのである。先に述べたように西田もまた『善の研究』以来、経験や意識の分裂や対立を問題にしたが、西田の場合には九鬼とは逆に、「無」とはむしろそうした分裂や対立を最後には包み込むものであった。また田辺も、世界の矛盾や対立に目をそそぎながらも、結局はすべての存在が「媒介」関係のなかにあることを明かそうとするものであった。さらに和辻も、自他の分裂に「空」の「否定の運動」をみようとしたが、しかしそこでも、「空」とは絶えず新たな「間柄」の形成へと働きかけるものであった。

そのように考えると、九鬼の説く「無」とは西田や和辻とは逆に、絶えず世界に裂け目をもたらす運動を意味しているともいえよう。ここでは主に彼の哲学的主著である『偶然性の問題』を検討しながら、彼の「無」の哲学について考えてみたい。

1　出会いと別れ

†二人の父

九鬼周造は一八八八（明治二一）年、東京の芝に、父・隆一（りゅういち）、母・波津（はつ）の四男として生まれた。和辻哲郎より一つ年上である。父・隆一は文部省の官僚で、駐米特命全権公使、帝室博物館総長等の要職を歴任した。また美術行政も手がけ、フェノロサや当時部下であった岡倉天心を使って、日本の古美術の再評価にも力をつくした。母・波津は花柳界の出といわれる。彼女は周造を妊娠中に、天心と恋におち、大きなスキャンダルとなった。そのため天心は東京美術学校を追われ、彼女は隆一と別居ののち離縁される。周造は両親の別居中に幼少期を送ることになる。別々に暮らす両親、実の父である隆一と精神上の父である天心という「二人の父」の存在、こうした幾重にも分裂した状況のなかで、周造は精神形成を行うことになる。そのことが、「同一性」というものを一貫して批判し、分裂や対立に目をそそぎ続けた九鬼の哲学の誕生をうながすことになったのではなかろうか。

一九〇〇(明治三三)年、九鬼は東京高等師範学校附属中学校に入学する。さらに一九〇五(明治三八)年、第一高等学校に入学する。一高では、天野貞祐、岩下壮一、和辻哲郎、谷崎潤一郎らと出会うことになる。九鬼は入学当時は外交官志望で独法科を選んでいるが、岩本禎というドイツ語の教師の影響を受けて、やがて哲学を志すようになる。一九〇九(明治四二)年、東京帝国大学文科大学哲学科に入学する。大学ではケーベル博士に師事する。一九一二(明治四五・大正元)年大学を卒業し、引き続き大学院に籍を置く。学生時代九鬼は、のちに日本を代表するカトリック神学者となる岩下壮一との交友のなかで、彼の妹に恋心を抱くようになり、結婚を考えるまでになる。しかし、兄と同様に信仰心の篤かった彼女は修道院に入ってしまう。九鬼の味わったこの悲恋は、幼い日の両親の離婚とともに、彼に大きな影響を与えることになる。

一九一八（大正七）年、九鬼は前年に死去した次兄一造の妻であった縫子と結婚する。

†異邦にて

一九二一（大正一〇）年、九鬼はあしかけ八年に及ぶ西欧留学の途につく。西田には留学経験がないし、和辻の留学も一年余りにすぎない。それに比べると、九鬼の留学は異様に長いものであった。彼はそこで思想的遍歴を重ね、やがて彼独自の「いき」や「偶然性」の哲学に到達することになる。

まず九鬼はドイツにわたり、大正教養主義の理論的基盤でもあった新カント派のリッケルトに師事し、超越的な「価値」の哲学を学ぶ。しかし、やがて自己のうちにある官能的生への憧憬というものを強く自覚するようになり、そうしたものに触れた哲学を求めてフランスに赴く。そこで九鬼は、生の本質を歓喜とするベルグソンの「純粋持続」の哲学と出会い、彼から直接その哲学を学ぶことになる。

そのころ、九鬼はパリで多くの詩歌を作っている。一九二五（大正一四）年には短歌集『巴里心景』・『巴里小曲』、詩集『巴里の窓』を、またその翌年には詩集『巴里心景』・『巴里の寝言』を、さらにまたその翌年には詩集『破片』をそれぞれ雑誌『明星』に発表している。これらの詩歌は、異国の女性との恋を題材にしたものが多いが、その底には理性と情念との分裂による不安感やアイデンティティの崩壊への危機感などがみられる。特に「寂しさ」という言葉が全編にあふれており、他者を求める九鬼の思いが伝わってくる。幾首かを紹介しておこう。

踊るにもさびしき顔をしたまうと責めらるるより作る微笑
さびしさの極まる宵は名を呼びて巴里の部屋をとゆきかく行く
さびしさよ冷たくつよき口づけに命死ぬべく我を抱けかし

一九二七（昭和二）年、九鬼はパリから再びドイツに戻り、今度はハイデッガーに師事することになる。自己の官能的生を追求し、やがて「寂しさ」というものを強く感じるようになった九鬼は、そこから人間の生の根底に「無」をみるようになっていく。そうしたなかで、やはり「無」への問いを哲学の中心においていたハイデッガーに共感を覚えたのであろう。ハイデッガーの著書『言葉についての対話』（'Unterwegs zur Sprache'）には、ハイデッガーの家を九鬼がたびたび訪問し、二人がさまざまな問題を親密に語り合った様子が述べられている。ただし、ハイデッガーの哲学は人間に孤高を持して生きることを迫るものであったが、それに対して九鬼は他者と共に生きる哲学を求めようとした。それはやがて『「いき」の構造』として結実する。

九鬼は留学最後の年の一九二八（昭和三）年、パリ近郊のポンティニーで二つのフランス語の講演を行う。一つは「時間の観念と東洋における時間の反復」と題する時間論であり、もう一つは「日本芸術における「無限」の表現」と題する芸術論である。

前者では、まったく同一の「大宇宙年」が無限に繰り返される「回帰的時間」こそが、時間の本質であるという考えが展開されている。それは、宇宙の歴史がまったく同じ形で無限に繰り返されるという時間論である。たとえばソクラテスは無限に回帰する「大宇宙年」のそれぞれのなかで、クサンティッペと無限に繰り返し結婚するという。したがって厳密にいえば、現在の瞬間とまったく同じ瞬間が、過去・未来の無限の「大宇宙年」のなかにそれぞれ存在することになる。このように、各瞬間はそれぞれの「大宇宙年」の同一の瞬間と無限に重なっており、どの瞬間も「無限に深い厚さをもった瞬間」であることになる。そうした意味で各瞬間は、「永遠の現在」ともいえるものだと九鬼は考える。そして各瞬間が実はそうした「永遠の現在」であることに目覚めることを、九鬼は「垂直的脱我」とよぶ。それは一種の「神秘的」な時間体験であるという。

こうした時間論は一見神話的とも思えるが、恐らくニーチェの「永劫回帰」の考え方などから影響を受けたものであろう。九鬼もまたニヒリズムを克服し、瞬間をいかに充実させるかという問題意識のなかで、こうした「回帰的時間」論を考えついたものと思われる。そしてこうした時間論は、九鬼においても「運命」の問題と結びつき、のちの『偶然性の問題』での大きなテーマの一つとなっていく。ただしここでは、後の九鬼の哲学の柱となる他者の問題が触れられていないが、それは先に述べたように、当時一方で九鬼が構築していた「いき」の哲学で深められていた。

さて、もう一つの講演「日本芸術における「無限」の表現」は、こうした時間論を芸術論に応用したもので、時間論で述べた「回帰的時間」における「垂直的脱我」の実現をめざしたものが、まさに日本の芸術であったということが説かれている。

2 「いき」の倫理学

†「二元的」関係としての「いき」

一九二九(昭和四)年、九鬼は西欧留学から帰国する。この年、西田幾多郎の招きにより京都帝国大学文学部哲学科の講師に就任する。翌一九三〇(昭和五)年、『「いき」の構造』を刊行する。九鬼はパリ滞在中の一九二六(大正一五・昭和元)年に、「「いき」の本質」という未発表の論文を書いており、「いき」に関する考え方の基本はすでに留学中に形成されていたことが理解できる。したがってこの書は、西洋と日本、あるいはパリと江戸との緊張関係のなかで生みだされたものといえよう。

「いき」とは江戸の遊里で生まれた美意識のことであるが、その本質は芸者と客との男女関係にあると九鬼は考える。そして彼によれば、それは「媚態(びたい)」と「意気地(いきじ)」と「諦め」という三つの契機から成り立っているという。以下それら三者を、順にみてみよう。

「いき」の精神の最も基本を形作るものが「媚態」である。九鬼は「媚態」を次のように定義している。

「媚態とは、一元的の自己が自己に対して異性を措定し、自己と異性との間に可能的関係を構成する二元的態度である。」

孤独な「一元的の自己」は、「自己に対して異性を措定」し、異性をめざして接近していく。もちろんそこには肉体的な結びつきも生まれるであろう。しかし、少なくとも精神の上においては、あくまでも「可能的関係」でなければならないという。「可能的関係」とは、「二元的関係を持続せしめること」であると九鬼は説明している。つまり、異性に近づきながらも合一して「一元」化することなく、あくまでも精神的には一定の距離を置いて「二元的」緊張関係を持続させることが、九鬼のいう「可能的関係」ということなのである。

もちろん、自己と異性とは互いに他者との合一をめざして運動するのであるが、しかしそれが実際に実現してしまっては、かえって逆に「媚態」は消滅してしまう。「得ようとして、得た後の女ほど情無いものはない」(永井荷風『歓楽』)という背理があるというのである。九鬼は男女が精神的に一体になるということは、結局互いにもたれあい、縛り合うことになると考える。男女の絶えざる緊張関係のなかでしか、「いき」のもつ「なまめかしさ」「つやっぽさ」「色気」といったものは生まれないというのである。
こうした「媚態」の緊張関係を持続させ、それに一層の磨きをかけるのに必要なものが「意気地」と「諦め」であるという。そのうち「意気地」とは、異性にもたれかからない「心の強み」、反抗心としての「張り」のことである。

「「意気地」は理想主義の齎(もたら)した心の強みで、媚態の二元的可能性に一層の緊張と一層の持久力とを呈供(ていきよう)し、可能性を可能性として終始せしめようとする。」

「いき」な芸者には、こうした強い「意気地」があった。そしてそれは、「いなせ」「いさみ」「伝法」といった江戸っ子の心意気から生まれたものであるという。

†「諦め」と「無」

こうした「二元的」な緊張関係を持続させるためには、異性との別離の危険性を常に覚悟しておかなければならない。そのためには、どこかで相手への執着を離れた「あっさり、すっきり、瀟洒(しようしや)たる心持」をもつことが必要である。それが「いき」の三つめの契機をなす「諦め」である。「諦め」をもつことによって、人は相手の変節を「婀娜っぽい、かろらかな微笑」によって肯定できるのだという。

九鬼は、「諦め」とは「流転、無常を差別相の形式と見、空無、涅槃を平等相の原理とする仏教の世界観」に基づいているとしている。仏教において「諦め」という言葉は、断念するという意味と同時に、真理を明らかにする（明らむ）という意味をもっている。異性との多くの出会いと別れによって、人間関係の「流転、無常」を絶えず認識していくうちに、人はやがて人間関係のうちにそれを支えるいかなる原理ももちこめなくなる。そして、すべての人間関係の底に「空無」をみるようになるのである。それが世界の真相を「諦め」ることである。

ただし人間関係の底に「空無」をみるということは、この場合男女関係からリタイアすることを意味するものでは決してない。むしろ逆に、それは古い男女関係を断ち切り、新たな男女関係へと向かわせるものである。その意味で、「空無」とは絶えず新たな「二元的」な緊張関係を生み出す働きのことであるともいえよう。

ここには、西田とも和辻とも異なった九鬼の「無」の哲学の独自性がよく現れている。九鬼の説く「無」とは、人間関係の対立や分裂をその底で支え安定させるものでは決してない。それは執着によって「一元化」しようとする硬直した人間関係を否定し、絶えず分裂や対立を含んだ「二元的」関係を生成させる働きである。

さて、以上のように九鬼は「いき」を「垢抜して(諦め)張りのある(意気地)色っぽさ(媚態)」と定義する。九鬼によれば、そうした「いき」な男女関係とは、「恋」とも異なるものだという。「恋の現実的必然性」は、暗い情熱によって人を縛りつけていく。それに対して「いき」は、自他を縛るしめった情愛を切り捨てた「自由なる浮気心」であるという。

したがってまた「いき」の精神は、結婚といった固定した制度とも相容れないものである。九鬼は留学中に、西洋近代の恋愛観・結婚観の偽善に気づいたという。一見懐古的にもみえる彼の「いき」の議論には、実はそうした近代的制度への鋭い批判が込められているのである。

3 「偶然性」への問い

†偶然に満ち満ちた生

『「いき」の構造』を出した翌年の一九三一(昭和六)年、九鬼は父と母とを相次いで亡くす。その後、妻との離婚、親友岩下壮一との死別など、晩年の九鬼にはさまざまな別れが絶えず襲いかかってくることになる。

そうしたなかで、九鬼は一九三五(昭和一〇)年に主著となる『偶然性の問題』を刊行する。以下この書の内容を詳しくみていきたい。

この書は、「偶然性」とは何かをさまざまな角度から分析したものであるが、そのなかで九鬼は、われわれの生がいかに「偶然性」に満ち満ちたものであるかを説く。人間は、みずから選び取ることのできない状況のなかに偶然的に生まれでる。そして、外側から自己に降りかかるさまざまな偶然的事件に遭遇しなければならず、さまざまな他者との偶然的出会いを生きなければならない。

このようにわれわれの生は、「偶然性」に満ち満ちている。しかし人間は、通常こうした偶然性を直視することに耐えられない。それは偶然性というものが人間の一切の意味づけを無化し、人間に寄る辺のない不安感を与えるからである。その意味で「偶然性」とは、「無」に貫かれているのである。

「偶然は無概念的である。無関連的である。無法則、無秩序、無頓着、無関心である。

偶然には目的が無い。意図が無い。ゆかりが無い。偶然は当てにならない。」

したがって、九鬼の「偶然性」の哲学とは、まさに「無」の哲学なのである。九鬼によれば、プラトンのイデアやキリスト教の神などといった絶対不変の形而上学的原理を想定する立場のもとで展開してきた西洋の哲学は、「必然性」の圧倒的な優位のもとにあるという。それに対して九鬼は、そうした形而上学的実体を独断的なものとして批判し、「無」に基づく「偶然性」の哲学を展開しようとしたのである。

†「例外」としての「偶然性」

では、「偶然性」とはどのようなものなのであろうか。九鬼はまず、ある仏典のなかの次のような問いを紹介している。「世間の人は皆一様に五体満足に生れながらも、何ゆえに長命な者と短命な者、病弱な者と健康な者、貧しい者と富める者、高貴な者と卑しい者、美しい者と醜い者などといった違いが生れるのか」。このように、人間は常に他者との相違を痛切に意識しながら生きていかざるをえない存在である。人間は常に自己のあり方に対して、「なぜ」と切実に問うている。九鬼によれば、この問いは「人間の喜びと悩みとを蔵する哲学的な問である」という。そして、これこそが「偶然性」というものに対する最も素朴な問いであるとする。

では、こうした問いの本質とはどのようなものであろうか。それを九鬼は、まず論理学的な見地によって説明しようとする。彼によれば、論理学における「概念」というものは、個々のものに共通した何らかの普遍的な「同一性」を見いだすことに基づいている。

こうした「概念」の内容を表すものを論理学では「徴表（ちょうひょう）」というが、九鬼はこの「徴表」に二種類あるとする。一つは「概念」の「同一性」の中身を分析したものであり、もう一つは「概念」の「同一性」の中身を分析しただけではでてこないものである。

たとえば、「三角形」という「概念」にとって、「三つの線に囲まれた面の一部」という「徴表」は、「三角形」という「概念」の内容を分析したものであり、「概念」の「同一性」内の分析である。九鬼はそうしたものを、必然的な「徴表」とする。なぜならば、「同一性」のうちにあるということが、とりもなおさず「必然性」ということの本質であると九鬼は考えるからである。彼はこうした「必然性」を、「定言的必然」とよぶ。それは「AはBである」という「定言的判断」が、Aという主語を「概念」、Bという述語を「徴表」と考えれば、「概念」と「徴表」との関係を表す判断の形式となっているからである。

一方また、「概念」の「同一性」の外にある「徴表」というものもある。たとえば、「三角形」という概念にとって、角が「直角」であるとか、「鈍角」であるとか、「鋭角」であるとかという「徴表」がそれである。これらの「徴表」は、「概念」の内容を分析することによって現れるものではなく、単に「三角形」の可能的内容をなすだけのものであり、「概念」と「徴表」との間にそれ自身の「同一性」が欠けている。九鬼は、こうしたものこそが偶然的な「徴表」であるとする。そして、そうした「偶然性」を「定言的偶然」とよぶ。

以上のように、九鬼は物事が「同一性」のうちにあることが「必然性」であり、そうした「同一性」が破れ、分裂や対立によって起こった統合されることのない「二元性」が「偶然性」であると考える。そして、そうした分裂や対立を生み出し、「偶然性」を生成させるものが、九鬼のいう「無」の働きなのである。

†「個物」の抱える「偶然性」

「概念」というものを、「体系」とか「法則」とかといったものとしてとらえれば、「定言的偶然」とは「体系」に対する「孤立的事実」、あるいは「法則」に対する「例外」といったものであると考えることができる。たとえば、四葉のクローバーは「例外」であるから偶然的存在といえる。しかし考えてみれば、「宇宙には完全に相同じな二つの事物はない。完全に相同じな二つの雨滴もない」(ライプニッツ)のであるから、すべての「個物」

は何らかの意味で孤立性や例外性をもっているといえよう。したがって九鬼によれば、「定言的偶然」というものは究極的には「一般概念」に対する「個物および個々の事象」を意味することになる。

こうした「個物」のもつ孤立性や例外性を最も切実に自覚するのは、ほかならぬ人間である。人間に関するさまざまな「一般概念」が、どのように人間の本質を説明しようとも、個々の人間のもつ「偶然性」は常にそうした「一般概念」からこぼれ落ち、その「同一性」を破っていく。そうした人間のもつ「偶然性」に対する問いが、先に述べた仏典の問いだったのである。

さらにこうした偶然性は、一人ひとりの個人に焦点を当てた場合にも考えられるはずである。つまり、その人がどういう人間かという、一人ひとりの個人に関する「一般概念」というものを考えた場合、それに対して今度は刻々の実存の変化というものがその「同一性」を破って「偶然性」を生成させる。九鬼によれば、人間とは「瞬間に死し瞬間に生まれる」、「非連続の連続」であるという。つまり、人間とは統合された人格ではなく、絶えず生成変化する偶然的存在だというのである。

そうした観点から九鬼は、人間の心における「偶然の気紛れの錯綜」として、「夢」や「狂気」や「無意識」というものについても論じている。九鬼によれば、特に「芸術」というものはそうした精神の偶然性をいかし、人間の生命を全ての抑圧から解放させて躍動させるものだという。

「芸術に於ける自由は、一切の必然性からの自由である。芸術にあっては絶対的自発性が突如として現じ、忽然として消えるところに謂ゆる霊感と冒険の偶然性があるのである。」

このように人間の魂は、「無」によって絶えず「同一性」が破られ、「二元性」としての「偶然性」が生成する場なのである。九鬼は、シェークスピアの『真夏の夜の夢』の登場人物であるボトムの、「まるっきし底(ボトム)が脱けてる」というセリフを引用している。「底が無い」とは「由るところ無い」ことであり、「無意味」であることだ。そうした「底が無い」魂のあり方が狂気ともなれば、生命の躍動ともなるというのである。

4 出会いとしての「偶然性」

†因果関係における「偶然性」

以上述べたような「定言的偶然」も、しかし因果という見地を導入すると偶然とはいえなくなる。たとえば、クローバーが四葉となったのは、栄養が多すぎたためとか、気候の不順のためとか、若葉の時に傷を受けたとかといった原因によるものと考えられる。先に紹介した仏典で問題にされていたような、寿命・健康・貧富・美醜などの違いといったものも、なんらかの原因を探りだすことができる。

九鬼は、こうした因果によって説明できるものは、必然的であるとする。それは「定言的必然」の場合と同様に、因果性の本質が「同一性」にあると考えられるからである。たとえば、水素と酸素とを化合した結果として水が生じたという場合、水素や酸素は化合物のうちにも自己を同一に保持している。九鬼はこうした因果的必然を「仮説的必然」とよぶ。それはこの必然が、「もしAならばBである」という「仮説的判断」の形式をとった必然だからである。

こうして、「定言的偶然」とはいまだ真の偶然ではなく、因果関係からみれば必然であることが理解できる。いうまでもなく、自然科学はこの因果必然性を究極の理念とした「自然法則」というものを追求するものである。

しかしこうした「仮説的必然」によっても、説明のつかない偶然というものがある。たとえば、四葉のクローバーの例を考えてみよう。先に述べたように、四葉のクローバーが生まれた原因として若葉の時の傷などを考えれば、そこには必然性がみられ「仮説的必然」となる。しかし、そもそもなぜそのクローバーが若葉の時に、そうした異常な事態が起こったのであろうか。たとえば、大風がたまたま吹いたために小石が飛んできて葉に傷を与えたためだとしよう。だとすれば、大風が吹いたのも、小石が当たったのも偶然であり、四葉のクローバーは再び偶然的存在となる。九鬼は、「仮説的必然」の底にあるこのような「偶然性」を「仮説的偶然」とよぶ。

こうした「仮説的偶然」の本質は、大風が吹くという事態と若葉が芽生えたという事態とが、たまたま出会ったということにあると九鬼は考える。われわれが偶然という言葉によって普通連想する事態、たとえば地球に隕石がたまたま当たったとか、船がたまたま台風に遭ったとかといった事態はほとんどこの種の「偶然性」のことである。

こうした「偶然性」の本質をより明らかにするために、もっと極端な例を考えてみよう。たとえば屋根から瓦が落ちてきて、たまたま軒下を転がっていたゴム風船にあたって破裂させたとする。このような事態の意味を、九鬼は次のように分析する。瓦は、屋根が老朽化して腐ったためとか、強い風にあおられたためとか、なんらかの必然的原因があって、その結果として落下の法則にしたがって一定の場所へ落ちた。一方ゴム風船は、最初に受けたなにかの衝撃とゴムの弾性と風船の球形と地面の傾斜といったものが必然的原因となって、その結果として運動の法則にしたがって一定の場所に転がってきた。このように瓦が落ちてくることと、ゴム風船が転がってくることには、それぞれ必然的原因がある。しかし、問題はこのように二つの互いに独立した因果系列がたまたま出会って、ゴム風船の破裂という一定の積極的関係をもったことにあるのである。

ここでも九鬼は、「同一性」を破って生成した「二元性」が「偶然性」の本質であるとしている。つまり、因果関係がもつ必然的な「同一性」が破られ、他の因果系列が入り込んできて「二元的」関係が生成することが「仮説的偶然」だというのである。しかも「仮説的偶然」の場合は、単なる「二元的」関係ではなく、独立した二つの因果系列が「遭遇」・「邂逅」するという積極的関係が生まれている。本来出会うはずのないものが、「いま」・「ここ」でたまたま出会い、両者の間に積極的関係が生まれたものが「仮説的偶然」なのである。

先に述べたように『「いき」の構造』においても、九鬼は「いき」という「二元性」に基づく積極的な男女関係というものを考えた。それは、基本的には「仮説的偶然」と同じ考え方に基づくものといえよう。したがってまた、九鬼は余り強調はしていないが、「仮説的偶然」においても「二元的」関係を生成させているものは、「いき」の場合と同様に、「無」の働きであると考えられる。

†目的手段関係における「偶然性」

さて以上のような「仮説的必然」・「仮説的偶然」というものは、因果関係という視点からみたものであった。九鬼はこうした因果関係と本質的に同じものとして、目的手段関係というものを考える。九鬼によれば、目的手段関係は因果関係が逆になったものであるという。つまり、結果として後にくることが、目的として先に考えられ、原因として先にくることが手段として後に考えられるというのである。たとえば、「呼吸をすれば、人間は必ず生きる」といった場合は因果関係であるが、「人間は生きるためには、呼吸しなければならない」といえば目的手段関係である。つまり「Aのためには、Bをなさねばならぬ」という目的手段関係は、「Bをなせば、必ずAが生じる」という因果関係を常に前提にしているので、目的手段関係の「必然性」は本質的には、因果関係の「必然性」と同じものであるというのだ。したがって、目的手段関係における「必然性」も「仮説的必然」の一種とされ、その本質も同じく「同一性」にあるとされる。

そして九鬼は、因果的必然の底に常に因果的偶然が潜んでいたように、こうした目的必然にも常に目的的偶然がからみついていると考える。その場合、目的的偶然とは、本来めざした目的とは異なった、意図せざる目的が実現するということである。たとえば旅先でたまたま知合いに出会ったとか、屋上から捨てたごみがたまたま路上を歩いていた人に当たったとかいった事態のことである。こうした事態も、因果的偶然の場合と同様に、われわれが偶然という言葉によって連想する最もポピュラーなものである。

九鬼によればこうした目的的偶然の本質も、因果的偶然の場合と同様に「遭遇」「邂逅」という点にあるという。たとえば樹木を植えるために穴を掘っていると、たまたま地中から宝が出てきたというような場合を考えてみよう。この人の行為を外からみれば、宝を掘り出す目的で穴を掘っているようにみえる。しかし宝が出てきたのはあくまでも偶然である。この場合は、植木屋が樹木を植える目的で地を掘ったという目的手段の系列と、盗賊か何かが宝を隠す目的で地中に埋めたという目的手段の系列とがたまたま出会って一定の積極的関係をもったのである。

その意味で目的手段関係における「偶然性」も、因果関係における「偶然性」と同様に、目的手段関係のもつ必然的な「同一性」が破られ、他の目的手段関係が入り込んできて「二元的」関係が生成するところに生じるのである。しかもこの場合も、単なる「二元的」関係ではなく、独立した二つの目的手段系列が「遭遇」「邂逅」するという積極的関係が生まれたという点にその本質がある。

人生はある意味で、こうした目的的偶然に満ち満ちているといってもよい。人間は常にさまざまな目的をもって行動しているが、その目的が完全に実現することはない。そこでは常に他の因果系列や目的手段系列との「遭遇」「邂逅」があって、本来めざした目的とは異なった事態が生まれていく。

それは場合によっては、「目的なき目的」を遂げるということにもなる。「目的なき目的」とは「目的として立てられはしなかったが、しかも目的たり得べきようなもの」のことである。たとえば、ある事件で逮捕した人物が、たまたま別のより重要な事件の犯人でもあった場合などのように、本来目的にしなかったものが結果として目的になるというのがそれである。

この「目的なき目的」が余りにうまく実現すると、「偶然にして偶然ではない」とか「偶然とは思えない」という感情が起きる。実際「目的なき目的」が遂げられた場合、外からみるとそれが偶然であったのか、故意であったのか判別しがたいときもある。

それは、犯罪を裁く場合を考えてみるとはっきりする。まず犯罪は偶然によるものか故意によるものかが大きな問題になる。しかしそればかりでなく、たとえ偶然によるものであったにしても、さらにそれが「過失」か「不可抗力」かが問題になる。「過失」とは偶然を除きさることのできる場合、つまり注意すれば避けられた場合のことであり、「不可抗力」とは偶然を除きさることのできない場合のことである。たとえば、獲物をねらって撃った猟師の弾が、誤って近くにいた人にあたった場合は「過失」であるが、暴風雨のとき、けが人を病院に運んでいる途中、そのけが人が突然倒れてきた電信柱に押しつぶされてしまった場合は「不可抗力」である。しかし、いずれの場合にも故意と偶然、必然と偶然との間に明確な線を引くことは極度に困難なことである。

何も犯罪の場合だけに限らない。人間の行為はすべてそうしたものだともいえよう。人間は明確な目的に向かって進みながらも、「目的なき目的」に常に出会い、人生の方向を常に修正することを余儀なくされながら生きているといってもよいのではなかろうか。

†「偶然性」を満喫した倫理学

人間の生がそうした「偶然性」に満ちたものであるとするならば、はたして倫理など成り立つのであろうか。九鬼は「道徳法則」というものについて、次のように述べている。

「道徳の課題とする実践的普遍性は抽象的普遍性であってはならない。偶然を契機として全体を内包的に限定する具体的普遍でなければならない。もしすべてを形式的同一性に単一化しようとする倫理説があるとしたならば、その抽象的普遍性に反抗して、死に臨んで偽ったデスデモナのように偽ろう、テイモレオンのように人を殺そう、オットーのように自殺をしよう、ダビデのように神殿に入って盗もう、飢えたるが故に安息日に麦の穂を摘もうと云う者があっても、その声は人間の内奥に叫ぶ良心の声として聴かれるであろう。」

もし「道徳法則」というものが、例外を許さない「抽象的普遍性」に基づく「自然法則」のようなものであったなら、それは現実から遊離したものになってしまうであろう。真の「道徳法則」というものは「偶然を満喫し偶然性に飽和された」ものでなければならないはずだと九鬼はいう。

しかし、ではそうした偶然を満喫した「道徳法則」とは具体的にどのようなものなのであろうか。九鬼は「仮説的偶然」の本質をなす二元の「遭遇」「邂逅」のなかで最も重要なものとして、人と人との「遭遇」「邂逅」を考えている。彼は「偶然性」と題する次のような詩を作っている。

偶然性

〔略〕

お前と俺、俺とお前

めぐり逢いの秘密、

恋の反律。

これは人生の幾何、

なんとか解いてはくれまいか。

甲なる因果の直線を見よ

乙なる因果の直線を見よ

二つの平行線は交わらぬがことわり、

不思議じゃないか平行線の交り、

これが偶然性、

混沌が孕んだ金星、

因果の浪の寄するがまま

二人が拾った真珠玉。

ここでは、「偶然性」というものが自己と他者との「めぐり逢い」として歌われている。

「偶然性」を満喫した「道徳法則」とは、何よりもまず、こうした人と人との偶然的出会いというものを常に受け入れ、それを生かしていくようなものでなければならないはずである。たしかに「道徳法則」も法則である以上、「必然性」としての「同一性」を追求するものである。しかしそれは、万人にあてはまる形であらかじめ与えられているような抽象的形式的な「同一性」ではなく、一つ一つの偶然的出会いを大切にし、いつくしむことによって、そのつどの一対一の人間関係の中でつくられていく「同一性」でなければならない。

「偶然を成立せしめる二元的相対性は到るところに間主体性を開示することによって根源的社会性を構成する。間主体的社会性に於ける汝を実存する我の具体的同一性へ同化し内面化するところに、理論に於ける判断の意味もあったように、実践に於ける行為の意味も存するのでなければならない。」

人と人との偶然的出会いを引き受けつつ、それを一定の鋳型にはめ込むことなく両者の関係の変化を自在に楽しみながら、我と汝のさまざまな「具体的同一性」を常に新たに構築していくこと。それが、九鬼のめざした倫理学であると考えられるのである。振り返ってみれば、『「いき」の構造』で九鬼が追求した「いき」な男女関係というものも、そうした倫理学の先駆けであったともいえよう。

5 運命としての「偶然性」

†究極の偶然

以上のように「仮説的偶然」とは、二つの因果系列（目的手段系列）の「遭遇」「邂逅」にその本質があったわけだが、しかし「遭遇」「邂逅」した二つの因果系列をさらに遡っていったとき、両者に共通した原因に行き当たることも考えられる。そのように二つの因果系列に共通した原因が考えられれば、もはや偶然とはいえない。

たとえば、私という存在を考えた場合、両親がたまたま出会い結婚したから生まれたのである。それは偶然的出会いとしての「仮説的偶然」にあたる。しかしこの両親がもともと同級生であったとか、親戚であったとかとなると、両親の結婚は必ずしもまったくの偶然とはいえなくなってくる。

もちろんこの場合でも、ではなぜ両親が同級生になったのか、縁者として生まれたのか、と考えてみると、再び偶然の問題となる。しかし、この場合でもさらに遡って、両親が同級生や縁者になった何らかの必然的な理由を想定することもできる。

このことを、少し抽象化して考えてみよう。AとBとが偶然「遭遇」「邂逅」した場合を考えた時、AはA′を、A′はA″を原因としていたとし、一方BはB′を、B′はB″を原因としていたとしよう。そしてA″とB″とは、sを共通の原因にもっていたとする。そうすれば、AとBとの出会いは厳密な意味では偶然とはいえなくなる。しかしさらに遡って考えてみれば、s自身もまたMとNとが「遭遇」「邂逅」して生まれたものと考えることもできる。だとすればそこに再び偶然の余地が生まれる。しかしそこでさらに遡って、そのMを含むM・M′・M″の因果系列と、Nを含むN・N′・N″の因果系列とは、さらに共通の原因としてtをもつと考えることができる。このように、われわれはどこまでも「必然性」の支配を想定していくことができる。

そして九鬼は、全面的な「必然性」の支配を仮定して、因果の系列を無限に遡っていったとき、もうこれ以上遡ることのできない究極の原因xを想定する。xは究極の原因であるがゆえに、なぜxが生じたのかはもはや問えない。

この場合、xでもyでもzでもよかったのにxが生じたと考えてみよう。その際、xや

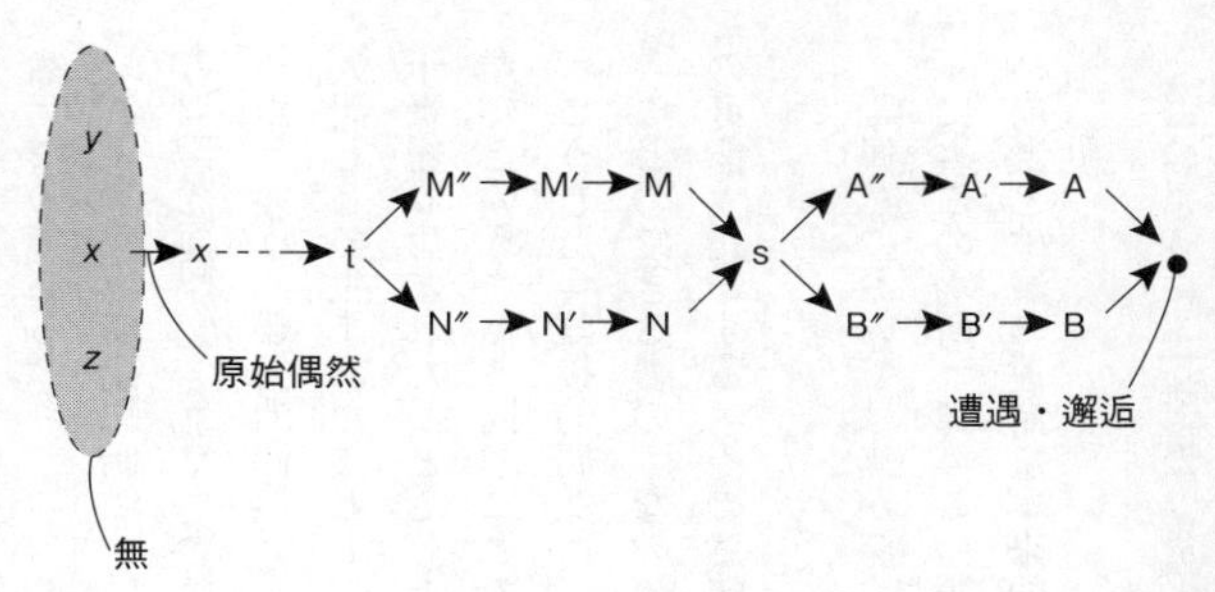

*y*や*z*といった、ありえたであろう諸可能性の全体といったものは、全体という性格そのものによって、常に絶対的な「同一性」を保っている。それゆえに、この全体は必然的なものであると考えることができる。これを九鬼は「離接的必然」とよぶ。それはこうした「必然性」が、「AはBかCかDである」という「離接的判断」の形式による「必然性」だからである。

それに対して、*x*そのものに注目した場合、*x*ではなく*y*や*z*が生じてもよかったはずなのに*x*が生じたのであるから、それは偶然である。それを九鬼は「離接的偶然」とよぶ。

ここでも九鬼は、今まで述べてきた二つの「偶然性」と同じように、「同一性」を破る「二元性」を「離接的偶然」の本質と考えている。つまり、ありえたであろう諸可能性の全体としての「同一性」を破り、無いこともできたのに現実に現れ出た*x*が作り出した「二元性」が「離接的偶然」なのである。

こうした「離接的偶然」は、今まで述べてきたすべての偶然の根源にある偶然であるから、「原始偶然」ともよばれる。九鬼によれば、人間はyでもzでもありえたのにxであったという「離接的偶然」・「原始偶然」によって貫かれた存在であるという。われわれは人間として生まれたことも、日本人として生まれたことも、男として生まれたことも、二十世紀に生まれたことも、ある意味ではすべて偶然である。それは賽をふってどの目がでたかということと同じことであるというのだ。

こうした「離接的偶然」というものは、存在しないことも充分に可能なもの、即ち「無いことのできるもの」なのである。九鬼は「離接的偶然」の核心的意味はこの「無いことの可能」だとする。その意味で「離接的偶然」は「無」というものと深く関連している。

「偶然においては無が深く有を侵（おか）している。その限り偶然は脆（もろ）き存在である。偶然は単に「この場所」に「この瞬間」に尖端的な虚弱な存在を繋（つな）ぐのみである。一切の偶然は崩壊と破滅の運命を本来的に自己のうちに蔵している。」

このように、「離接的偶然」は「無」に限りなく近い存在である。しかし同時にそれは、ともかくも極微の可能性をとらえて誕生し、確かに存在するに至ったものでもある。現実の一点にみずからの存在をつなぐだけの脆いものではあるが、存在を生みだす「生産点」でもあり、存在の「誕生」を告げる「産声」でもあるというのだ。

†「絶対無」と「絶対有」

さて、以上「離接的必然」と「離接的偶然」とについて述べてきた。実は九鬼は、これら究極的な必然と偶然とは、一つの事態の両面であると考えている。「離接的必然」は、単に静止的に「同一性」を保っているだけでは意味をもたないという。それは絶えず相対的な有限者へ、偶然的部分へ、つまり「離接的偶然」へと生成することによって具体的意味を獲得していくのだと九鬼は考える。

「甲でもあり、乙でもあり、丙でもあり、丁でもある離接的肯定はその裏面に、甲でもなく、乙でもなく、丙でもなく、丁でもない離接的否定を有っている。絶対者が「必然—偶然者」であることは絶対者が絶対有であると共に絶対無であることを語っている。」

九鬼によれば、世界の究極の根拠は必然と偶然という矛盾した性質を兼ね備えた「必然

―偶然者」という「絶対者」なのである。それはいい方を変えれば、世界の究極の根拠が「絶対有」と「絶対無」という一見矛盾した二つの性格を合わせ持つものであるということでもあるという。

しかし、このような九鬼の考え方には問題があるように思われる。そもそも「離接的必然」も「離接的偶然」も、全面的な「必然性」の支配を仮定して、因果の系列を無限に遡っていったときに、最後に想定されたものであった。あくまでもこれらは、仮想されたものにすぎない。それをあたかも実在するかのように考えることは、独断的な形而上学を作ることでしかない。

われわれに許されているのは、どこまで「必然性」の全面的な支配を想定していっても、やはりその背後に「偶然性」があるのではないかと考えることだけである。それはいいかえれば、世界の事物の背後に世界を否定すると同時に世界を生み出す「無」としか呼べない働きのみをみていこうとすることである。九鬼自身、論文「実存哲学」のなかで、「無」を実体的な存在と考えてはならないと説いている。「実体化された無」とは「有化された無」であるという。それに対して真の「無」とは「有化されない無」、「否定に即した無」であるとする。彼はそのことを、一定の湯が上から外へ流れでるごとに、同量の湯が下から湧いてくる温泉の湯槽（ゆぶね）に譬えている。湯が流れでるという側面のみに注目すれば、そこに「無」が考えられるのであるが、しかし一定量の湯が流れでたときには常に同量の湯が湧きでており、湯槽がまったく空になることは決してない。つまり「無」とは「有」を絶え間なく否定していく働き以外の何物でもないというのである。本来、「離接的必然」も「離接的偶然」もそうした「無」の働きとしてしかとらえられないはずのものなのではなかろうか。

†運命を愛するには

さて、九鬼が考えた世界の究極の根拠としての「必然―偶然者」という絶対者は、彼によれば「運命」として人間に立ち現れるという。偶然としか思えないもののなかに、単なる偶然を超えた何らかの必然的なものを感じとったとき、人は「運命」というものを考える。その意味で九鬼は、「運命」とは「必然―偶然者」に関わるものだというのである。

しかしこの場合も、九鬼の「運命」に関する議論をみてみると、必ずしもそこに「必然―偶然者」といったような究極の根拠をおかなくても通用するものであるように思われる。実は九鬼のいう「運命」とは、通常とは少し異なった意味をもっているように思われる。九鬼の説く「運命」概念は、偶然の背後に必然をみるというよりも、むしろ逆に現実の世界を必然としてみてしまうことをあえて拒否し、その背後に「無」をおくことによって、世界を偶然の産物としてとらえ直すことを意味しているのである。

たとえば、九鬼はニーチェの『ツァラトゥストラ』に出てくる次のような話を紹介している。ツァラトゥストラのところに、ある日一人のせむしがやってきて、せむしという自己に与えられた苛酷な「運命」からの救いを求める。それに対してツァラトゥストラは、「せむしに生れることを自分は欲する」という形で「意志が引返して意志する」ということが、自らの「運命」を愛する方法であると説く。いうまでもなくこの言葉の背後には、同一の生を無限に繰り返して引き受けるほどに自己の「運命」を愛せという「永劫回帰」の考え方がある。九鬼がそうした考え方から大きな影響を受けていることは、すでに彼のポンティニー講演について述べたときに触れておいた。

しかしここでは九鬼は、このツァラトゥストラの言葉を、やや違った視点から解釈しているように思われる。ツァラトゥストラがせむしに説いたのは、自己の生の根源にもどって、せむし以外になりえたであろうさまざまな可能性を想定し、その上でせむしを選んだのだと考えろということだと九鬼は解釈するのである。つまり、九鬼が強調しようとしているのは、自己の現実の生を固定化せず、諸可能性のなかの一つが現れでたものに過ぎないものとしてとらえるという態度である。九鬼は、この現実の世界を無数の可能な世界のなかの一つに過ぎないと考えることによって、われわれが普段そのなかで身動きもとれずにいる現実の世界から解放され、無限の展望を開くことができると考えるのである。

「偶然性の哲学の形而上学的展望は、この現実の世界が、唯一可能な世界ではなく、無数の可能な世界の中の一つに過ぎぬとして、現実の静を動的に肯定することに存する。」

われわれは、現実の背後に無限の可能性をみてとることによって、「頑迷な凝結を潑剌たる生動へかえ」し、「不動で冷却した所与を、温ため動かす」ことができるというのである。

では、このように自己の生を、ありえたであろう諸可能性のうちの一つとしてみることが、どうして自己の「運命」の肯定につながるのであろうか。まず九鬼は、「運命」というものを、サイコロ遊びとしてとらえられないかと考える。ギャンブルという「偶然の遊戯」を考えてみよう。サイコロを振ったとき、どの目が出るかは全くの偶然である。しかし、偶然であるからこそ「遊戯者の胸を轟かす」のである。われわれがルーレットに興じ、競馬に夢中になるのはそのためである。もちろんギャンブルといえども大抵の場合、真剣勝負である。しかしそれが遊びであることを意識している限り、勝とうが負けようがその結果を半面では常に笑うことが出来る。自己の生を、ありえたであろう諸可能性のうちの一つとして考えるという態度は、どこかで自分の「運命」を、偶然出たさいころの目と同じものだと考える態度に通じてはいないであろうか。そうであるならば、われわれは自分の「運命」を笑う事ができるのではなかろうか。

偶然に対してわれわれが抱く感情は、通常「驚異」というものである。しかし九鬼は偶然に対して、驚くだけでなく最後にはそれを笑わなければならないとする。

「なお注意すべきことは、人間的立場に於ける偶然に対する驚異は、神的立場に於ては偶然に対する可笑味となり得ることである。……実存的意義の小さい偶然に対しては主体は相対的に大きいものとして神的叡智の可笑味を感じ、実存的意義の大きい偶然に対しては主体は相対的に小さいものとなって人間感情としての驚異を感ずるのが普通である。……実存的意義の大きい偶然に対して笑う笑は、超人ツァラトゥストラの笑う明朗な笑である。驚異する人間の陋小を笑うのでなければならない。」

「超人ツァラトゥストラの笑う明朗な笑」とは、「運命」を「偶然のたわむれ」として笑う「神的叡知のほがらかな笑い」なのである。

このように「運命」を笑うということは、決してそれを軽視し、ないがしろにすることを意味するものではない。A・B・C・Dといった諸可能性のなかからAが実現したのだと考えることは、BでもCでもDでもありえたのに、ほかならぬAが出たという見方によって、Aという現実を一層大切にいとおしむ気持をもたらすはずである。「無限の可能を背景とする現実に、それが他の可能と絶縁して与えられたものなるが故に、他の可能よりも一層多くの愛を集中させ得る」のである。Aという現実をそれのみで孤立的にみることなく、ありえたであろう他の諸可能性との連関のなかでみるとき、Aという現実そのものに新鮮な感動をおぼえ、それがどのような事態であろうとも、「笑い」をもって肯定し、文字通り「有難い」事実として、甘受することができるのではなかろうか。

こうした考え方は、同時にさらに次のような発想も生むのではなかろうか。それは、自分にはたしかにAが出たが、しかしBやCやDが自分であった可能性も充分にあったのだという発想である。そのときわれわれは、BやCやDを他人事ではなく、わが事として痛切に受け止めるようになるはずである。

「我々は我々の同胞の中に生来の盲人をかなり多く有っているが、仮に彼と我との位置を取り代えても現実の世界の共可能性はそこなわれはしない。そういう現実もまた可能である。」

だれもが多数の可能性のなかの一つが現実となったものに過ぎず、われわれは互いに交換可能な存在なのである。そう考えたとき、われわれは他者の「運命」を尊重し、他者に対するいたわりを持つことができるようになるのである。

そして、そうしたことを自覚した「我」と「汝」とが出会うとき、初めて真の「間主体的社会性」というものも開示されるという。

「偶然性の実践的内面化は具体的全体における無数の部分と部分との間柄の自覚にほかならない。孤在する一者はかしこにここに計らずも他者と邂逅する刹那、外なる汝を我の深みに内面化することに全実存の悩みと喜びとを繋ぐものでなければならない。」

先に述べたように、「仮説的偶然」というものの本質は「我」と「汝」との偶然的な出会いというものであったが、その究極の姿はこうしたものでなければならないと九鬼は考える。われわれは、互いに交換可能な可能性の一つとして、他者との出会いの不思議さに思いをはせ、一つ一つの出会いの大切さを自覚しなければならないのである。

以上が九鬼の説く「運命」に関する考え方である。ここには、「必然—偶然者」などといった形而上学的絶対者を想定する必要などないことが理解できるであろう。それは世界を固定的にみる視点を絶えず否定し、偶然の生成でしかないものとしてとらえ直すことを意味しているだけなのである。

実は九鬼自身も、そうした点には気づいていたふしもある。彼は「運命」には二種類あると説く。

「普通の運命の概念にあっては、目的的必然が目的的偶然を制約すると考えられるのであるが、勝義の運命概念にあってはその反対に目的的偶然が目的的必然を制約するのである。」

「目的的必然が目的的偶然を制約する」とは、「運命」を予め定められた必然的なものとして、ただ受動的にのみ受け止めることである。つまり「目的的偶然」の背後に「目的的必然」をみようとする立場である。しかし本当の意味での「運命」とは、「目的的偶然が目的的必然を制約する」ものでなければならないという。それは、あくまでも「目的的偶然」に対して開かれた生き方をしながら、それを通して「目的的必然」ともいえるようなものを、みずからの手でつくり上げていこうとすることを意味しているのであろう。九鬼自身このように、潑剌たる「運命」とは、むしろわれわれ自身が新たに作り出していくものだと考えていた面もあるのである。

「二元性」を生みだす「無」の働き

さて以上述べたように、九鬼は「定言的」、「仮説的」、「離接的」という三つの視点から必然・偶然を問題にした。

まずそこで、「必然性」に共通する性格は「同一性」ということであるとされた。すなわち、「定言的必然」とは概念の「同一性」を、「仮説的必然」とは因果の「同一性」を、「離接的必然」とは諸可能性の全体としての「同一性」をそれぞれ意味していた。

それに対して「偶然性」とは、必然のもつ「同一性」が破られ「二元的」対立が生まれることによって成立する。「定言的偶然」とは一般概念を破る個物を、「仮説的偶然」とは一つの因果関係（目的手段関係）を破る他の因果関係（目的手段関係）との遭遇・邂逅を、「離接的偶然」とは可能性の全体を破る現実に現れ出た個々の可能性をそれぞれ意味していた。

そして、こうした「二元性」を生み出すものは「無」の働きであるとされた。つまり九鬼の説く「無」とは、絶えず世界に裂け目をもたらす運動であった。それは九鬼によれば、世界を「一元的」な硬直から解放し、潑剌とした生動にかえすことであるという。九鬼は、こうした「無」の働きに基づく「偶然性」に対して、人間もまた常に身を開いた自由でしなやかな生き方をしなければならないと説いた。それは具体的には、他者との偶然的な遭遇・邂逅を常に真摯に受けとめ、それを通して自己の「運命」を愛していこうとするものであった。

6　偶然から自然へ

†「おのずから」としての「自然」

『偶然性の問題』を出した翌々年の一九三七（昭和一二）年、九鬼は論文「日本的性格」を発表する。ここで九鬼は、日本文化の性格を「自然」・「意気」・「諦念」という三つの要素から成るものとしてとらえている。この三要素は「いき」のそれと類似しているが、「自然」が強調されている点が異なっている。「自然」という考え方は、九鬼の晩年に次第に強調されるようになっていったものである。

九鬼によれば、「自然」(おのずから)という考え方は、日本の伝統的倫理観に深く根ざしたものであるという。そもそも明治以前の日本では、「自然」という言葉は、山川草木の総体を表すものではなく、「自然に」と副詞的に使われて、人間や物事のあり方を表していた。彼はそうした伝統的な「自然」観を、西洋近代の「自由」の概念と対比させて語っている。

「自由」というものは、因果的にも目的的にも必然から解放されていることであると一般的には考えられている。しかし、西洋近代では、そうしたあり方は、「自由」ではなく「恣意」とよばれる。なぜならば、因果的にも自由であり、また将来の選択に関しても自分の自由によって決定できるというあり方は、よく考えてみると「内容的に真なるもの正しいものへ自己決定した場合でも、自分に気に入りさえすれば他へも自己決定することが出来たという無内容の空虚さから脱していない」からである。そこでは意志がAではなくBを選んだ究極の根拠は存在しないのであるから、結局それは自己自身の意志が選んだというよりも、さまざまな外的事情に影響されて決めたともいえる。外的事情に支配されているということは、結局因果的必然に支配されているということである。つまり因果的にも目的的にも自由であるということはありえず、そうしたことを求めれば、人間は結局因果的必然に支配されることになってしまうというのである。

このように、一見因果的にも目的的にも自由であるようにみえながら、しかし実際には因果的必然に支配されているありかたを、西洋では「恣意」と呼んで否定的にとらえるのである。では、人間が真の「自由」を獲得するにはどうしたらよいのであろうか。西洋近代では、みずからの意志によって、ある普遍的な原理・原則としての目的的必然を選び取るところに真の「自由」が生まれると考える。カントの場合には、自己の意志によって「道徳法則」を選び取ることによって「自由」となるのである。

こうした西洋近代の見方に対して、日本では因果的にも目的的にも偶然のままに生きることを「自然」と呼んで決して否定的にはとらえない。西洋では「恣意」として低くみなされるものが、日本ではむしろ自在な生き方として肯定的にとらえられる傾向が強いのである。日本において「自然」が「恣意」とみなされないのは、偶然にまかせて自在に生きることが、かえって大きな視野からみれば目的的必然にかなった生き方になるという予定調和的な考え方があるからである。つまり日本では、西洋のように「恣意」と「自由」とが明確に区別されないのである。

九鬼は、以上のような「自由」と「自然」とをめぐっての日本と西洋の道徳観の違いを次のように述べている。

「日本の道徳の理想にはおのずからな自然ということが大きい意味を有っている。殊更らしいことを嫌っておのずからなところを尊ぶのである。自然なところまで行かなければ道徳が完成したとは見られない。その点が西洋とはかなり違っている。いったい西洋の観念形態では自然と自由とは屡々対立して考えられている。それに反して日本の実践体験では自然と自由とが融合相即して会得される傾向がある。」

つまり偶然性のままに生きる「自然」と、目的的必然に服従するという意味での西洋的「自由」とが、日本では融合しているというのである。

論文「日本的性格」において九鬼は、こうした「自然」という考え方が、「意気」や「諦念」と並んで日本文化の柱をなすものだと考えている。「意気」と「諦念」とは、『「いき」の構造』の「意気地」と「諦め」とに共通している。しかし『「いき」の構造』では、それらの根底に「二元的」緊張関係を持続させる「媚態」というものがおかれていた。それに対して論文「日本的性格」における「自然」という概念には、そうした「二元的」緊張関係はみられない。「自然」においては、「二元性」としての「偶然性」が、そのまま「同一性」としての「必然性」と融合しているのである。したがってそこでは、『「いき」の構造』や『偶然性の問題』で説かれていた「二元的」緊張関係を持続させる生き方はかなり弱められ、代わって「同一性」としての「必然性」を求めようとする傾向が出てきていることは否定できない。

†詩の形而上学

一九四〇（昭和一五）年、九鬼は洛外山科に新居を造営し、長年住み慣れた南禅寺草川町から移住する。新居は白木の数寄屋建築で、すみずみまで九鬼の趣味によって貫かれたものであった。この新居で九鬼は芸術論の集大成として、論文集『文芸論』の完成をめざす。

そのなかの論文「文学の形而上学」では、詩というものの本質を時間性という点から分析している。文学において、どちらかといえば小説が過去を語ることに重点をおき、戯曲が未来に向かって進むものであるとするならば、詩とは現在の感動と直観とを端的に表現するものであるという。その意味で、詩とは「現在的」という性格をもつとされる。また詩は音節を区切ったり、音に長短やアクセントをつけたり、韻を踏んだりするが、そのため詩のなかを流れる時間は、通常の「量的時間」とは異なった「質的時間」を形成するという。また詩は、現実の時間を超えた観念的・想像的な時間を展開させるが、その意味で詩のもつ時間は、現実の時間と観念的時間とが重なった「重層性」をもった時間であるという。こうして九鬼は、詩の時間性の本質は「重層性をもった質的な現在」にあるとする。そして、特にリズム・韻・畳句といった詩の技法は、そうした詩の時間を何度も繰り返すように機能するという。したがってそこでは、「重層性をもった質的な現在」が無限の繰り返しを含んだ「永遠の今」として顕現することになるという。これはポンティニー講演で説かれた「回帰的時間」を詩論に応用したものともいえよう。

また論文「日本詩の押韻」では、現代の日本の口語詩も韻をふむべきことが主張されている。そこでは詩的言語の本質が「音としての言葉」としてとらえられ、韻とは音の繰り返しによる、音と音との偶然的出会いを実現させることであり、そこに宇宙的音楽を聴き取ることであるとしている。これはいうまでもなく、「偶然性」の哲学を押韻論として読みかえたものである。

こうした『文芸論』の完成に心血を注ぐなかで、九鬼は次第に健康を害するようになり、いまだ京都帝国大学教授在職中の一九四一(昭和一六)年五月六日、ガンのため逝去する。享年五三歳であった。

九鬼の死を悼んで、西田はみずから訳した次のようなゲーテの詩を書いて墓碑に刻ませた。

見はるかす山々の頂
梢には風も動かず　鳥も鳴かず
まてしばし　やがて汝（なれ）も休（やすら）わん

おわりに

以上のように九鬼は、「いき」や「偶然性」という独創的な観点から「無」の哲学を展開させていった。九鬼にとって「無」とは、世界に裂け目を入れ、絶えず「二元的」な関係を生みだしていく働きであった。ますます流動化していく社会を生きているわれわれにとって、特に人との偶然的な出会いをどう活かしていくかという問題は、九鬼の時代よりも一層切迫したものとなっているといえよう。

ただし晩年の九鬼は、そうした「二元的」関係の問題を追求するよりも、「自然」（おのずから）という予定調和的な世界に入っていってしまった。彼の「二元性」の哲学には、さらに展開させるべき多くの可能性が潜んでいたように思われる。

九鬼のように「自然」へと逃れることなく、彼の説く「いき」や「偶然性」の哲学を、現代を生きるための新たな倫理学として再構築していくことが今求められているのではないだろうか。

＊この章は、拙著『九鬼周造』（ぺりかん社・一九九二年）をもとにしている。興味をもたれた方は、直接拙著をお読みいただくことを、おすすめする。

第五章 三木清——「虚無」からの形成

MIKI Kiyoshi, 1897-1945

「泡沫や波が海と一つのものであるように、人間もまたその条件であるところの虚無と一つのものである。生命とは虚無を搔き集める力である。それは虚無からの形成力である。虚無を搔き集めて形作られたものは虚無ではない。虚無と人間とは死と生とのように異っている。しかし虚無は人間の条件である。」

(『人生論ノート』)

はじめに

三木清は京都大学で西田幾多郎に直接師事し、両者の深い師弟関係は終生変わることがなかった。その意味で、三木は西田哲学の影響を最も強く受けた哲学者の一人であったといってもよい。彼自身、「私の研究において西田哲学が絶えず無意識的に或は意識的に私を導いてきた」(『構想力の論理』)と述べている。事実、三木の哲学もまた「無」という概念をその根底においているのである。

しかし、西田の説く「無」が最後まで形而上学的・宗教的性格を帯びていたのに対して、三木の哲学における「無」にはそうした要素は一切ない。三木は、言葉やさまざまな社会的制度が生まれる以前の、人間の最も根源的な「基礎経験」というものを一貫して追求したが、彼によれば、それは「闇」であり、「虚無」であるという。田辺や和辻や九鬼の場合、彼らの説く「空」や「無」は「虚無」ではなかった。その意味で西田の愛弟子であった三木こそが、西田の「無」の哲学を最も徹底して克服しようとしたといってもよい。

したがって、三木の哲学は、こうした「虚無」の世界に人間がどのような意味づけを与えうるかという問題をめぐって展開されることになる。彼の晩年の哲学の中心概念は、「構想力」というものであるが、それは「形」という秩序を生みだす能力のことである。「虚無」の世界に「形」を与えるという意味での「虚無からの形成」こそ、三木のめざした哲学であった。

しかし、三木にも西田のような宗教的志向がまったく存在しなかったわけではない。むしろ、深い宗教的感性が潜んでいたといってもよい。彼は熱心な浄土真宗の家に生まれ、みずからも高校時代に『歎異抄』に傾倒したという。また留学時代は、『パンセ』が「枕頭の書」であった。そして死後には、親鸞を論じた遺稿が発見されている。しかし、三木が西田哲学の「無」を「虚無」として受けとめたとき、彼の宗教性は哲学の場においては、そのゆき場を失ったのである。そのため三木の哲学は、西田のような完成をみせることなく、最後まで分裂をはらむことになってしまったように思われる。

1 「中間者」としての人間

†西田との出会い

三木清は一八九七（明治三〇）年、兵庫県揖保郡平井村之内小神村に、父・栄吉（のち清助と改名）、母・しんの長男として生まれた。西田よりは二七歳、田辺よりは一二歳、和辻よりも八歳年下である。家業は農業であったが、祖父の代に米穀を商ってかなりの資産を遺したため、比較的裕福であったという。また代々浄土真宗の信仰の篤い家であった。その点は西田と共通している。

一九〇九（明治四二）年、兵庫県立竜野中学に入学する。そこで文学に関心をもつようになり、「小説を書き、戯曲を読み、批評を草し、感想を物し、歌を作った」という。そして「世紀末の懐疑と頽廃」に耽溺していったが、やがてそうしたものに反発をおぼえるようになり、逆に「健康なるもの、自由なるもの、生命的なるもの」を求めるようになり、急に哲学的要求が頭をもたげてくる。

一九一四（大正三）年、上京して第一高等学校に入学する。東京では知り合いもなく交際も苦手で、「孤独な田舎者」であったという。そうしたなかで、宗教的な書物に関心をもつようになり、実家の信仰の影響もあって、特に親鸞の『歎異抄』に心ひかれるようになる。また西田幾多郎の『善の研究』にふれ、「嘗（かつ）て感じたことのない全人格的な満足を見出すことが出来て踊躍歓喜した」（「語られざる哲学」）という。この感激によって、三木は京都大学で西田から哲学を学ぶことを決意する。

一九一七（大正六）年、京都帝国大学文科大学哲学科に入学する。「あの頃一高を出て京都の文科に行く者はなく、私が始めてであった」（「我が青春」）という。三木は入学直前に、高校時代の恩師の紹介状をもって西田を訪ねている。このときから、終生変わることのない深い師弟の交わりが始まることになる。三木は京都帝国大学でも秀才の誉れ高く、京都哲学会会誌『哲学研究』に次々と論文を発表していった。

この時代の三木の哲学的関心は、当時の大正教養主義の影響もあって、人間の「個性」というものであり、それが人間の歴史のなかでどのように位置づけられるかという問題であった。三木によれば、「個性」というものは、普遍的な理念や価値を実現するものであり、諸個人の多様な「個性」が調和的に統一されることによって歴史が形成されていくのだという。ここにみられる歴史哲学への関心は、その後の三木に一貫したものである。

一九二〇（大正九）年、三木は京都帝国大学を卒業し、引き続き大学院に籍を置く。そして、一九二二（大正一一）年に西欧留学の途につく。九鬼周造が留学した翌年に当たる。最初、九鬼と同様にドイツで新カント派のリッケルトに学ぶが飽きたらず、のちにハイデッガーに師事するようになる。またその間、ディルタイの著作も読むようになり、「意識や精神の研究」ではなく、「具体的な生を分析することによって生の新しい可能性を捉え」ようとする「生の存在論」の立場に立つようになる。

†「秩序と構造」をもたらす愛

留学中の三木は、さらにフランスにわたり、パリでパスカルの著作にめぐりあう。『パンセ』は彼の「枕頭の書」となり、「夜更けて静かにこの書を読んでいると、いいしれぬ孤独と寂寥の中にあって、ひとりでに涙が流れてくることも屢々(しばしば)あった」(「読書遍歴」)という。三木は『パンセ』に関する論文を書くようになり、それらをまとめて帰国の翌年の一九二六(大正一五・昭和元)年に、最初の著作『パスカルにおける人間の研究』として出版する。

この書は、『パンセ』を単なる信仰の書としてみるのではなく、先に述べた「生の存在論」の立場から解釈しようとしたものであった。三木はそのなかの一章で、「愛」というテーマのもとに、『パンセ』と『愛の情念に関する説』という著作とを比較している。『愛の情念に関する説』は、パスカル自身が書いたものであるかどうか議論のある著作であるが、三木は真作だと考える。ただし、『パンセ』が宗教的回心後に書かれたものであるのに対して、『愛の情念に関する説』はそれ以前の作であるため、両書は愛に関してまったく異なった立場から論じているという。すなわち、『パンセ』が愛を宗教的なるもの、超越的なるものとの関係において解釈しているのに対して、『愛の情念に関する説』はそうした超越的な世界との関わりなしに、愛をまったく現世的なものとして解釈しているというのだ。

まず、『愛の情念に関する説』からみてみよう。そこでは愛は、知性の働きとしての思惟というものと決して対立するものではなく、むしろ密接に関係するものとされている。ただし愛における思惟は、他の場合とは異なった特殊な働き方をするという。それは「火急的」・「執着的」・「抱擁的」という三つの性格をもっている。まず思惟は愛において働くとき、すべてを根本的に吟味せずに、一つの方向に「火急的」に向かっていく。また純粋に知的な思惟がその対象に対して注意を向けるだけに過ぎないのに対して、愛の思惟は相手に対して「執着的」である。こうした「火急的」で「執着的」な愛の思惟は、思惟本来の働きである「対象の真偽の判別」には適せず、むしろ「対象を全体として包括的に理解する能力」であるという。そうした意味で、愛の思惟は「抱擁的」である。

パスカルによれば、こうした知性をも含み込んだ意味での愛というものは「人間の魂の全幅を充満する」ものだという。それは、三つの点でそういえるという。第一に、愛というものは、すべての情念を自己に従わせ、そこに「全く新しい綜合を形作る」ものだからである。また第二に、愛においては、集められたすべての情念に思惟が働きかけ、そこに「秩序と構造」を与えるからである。また第三に、愛は運動であり、すぐれて「動的」なものだからである。

この「動的」という性格は、『パスカルにおける人間の研究』の他の章で、三木がパスカルの人間理解の根底にあるものと考えているものである。パスカルは、人間を無限に大なるものと無限に小なるものとの間の「中間者」と規定する。こうした無限の体験こそが、人間の「根本経験」なのである。人間は無限に大なる宇宙に比しては、「虚無」にも等しい存在である。また一方、「虚無」ともいえるミクロの世界からみれば、人間は一つの全体ともいえる。こうしたあり方は、人間に絶えざる「不安」を呼び起こすものなのである。そのため人間は、「安定なく均衡なく彼方此方に動ける存在」であり、そうした「動性こそ人間存在の最も根本的なる規定」であるという。愛もまた「動的」なものであるからこそ、人間の本質に最も適合した心の働きとなり、「人間の魂の全幅を充満する」ものとなるのだというのである。

以上のように、三木は『愛と情念に関する説』の解釈において、愛というものを「不安」という「根本経験」に根ざしながらも、感情と知性を統合し、人間の心に「全く新しい綜合」をもたらし、「秩序と構造」を与える働きであると考えている。こうした考え方は、のちに三木が説くことになる「構想力」の哲学の源流をなすものともいえる。三木の説く「構想力」とは、感性と理性とを統合し、「形」としての秩序を作りだす能力のことなのである。また三木は、人間の根底に「虚無」や「不安」をみるパスカルの考え方に深い共感を抱いているが、こうした感覚もその後の三木の哲学に受け継がれていく。彼の「構想力」の哲学も、まさに「虚無からの形成」を意味するものなのである。

†「虚無」を超える愛

こうした『愛の情念に関する説』に対して、『パンセ』では愛は何よりも「慰戯」とされている。人間は、愛するものを求めて自己の外部に向かうことによって、自己の欠陥と悲惨とから眼を転じるのだというのである。そのようにして愛は、自己の空虚を充たそうとするのであるから、すべての愛は「自愛」でしかないという。

このように『パンセ』では、愛は一方では、自己の惨めさを覆い、紛らし、忘れるための「慰戯」として、外に向かう運動とされる。また一方では、そうした惨めな自己に執着し、それを満たすための「自愛」として、内に還る運動ともされる。しかしいずれにせよ、そうした愛によっては人間は満たされることはない。

パスカルによれば、この二つの相矛盾する方向の運動を統一するのが、「神」への愛であるという。「神」はわれわれ自身の内にあるが、しかしわれわれを超えた存在である。「神」が愛の対象となったとき、こうして外に向かう運動は、同時に内に還る運動となるのである。「神」への愛によって、人間の愛ははじめて完結する。このように『パンセ』においてはパスカルは、現世における人間的な愛を批判し、それが「神」への愛へと高められなければならないと説くのである。

パスカル自身に即して考えれば、『愛の情念に関する説』で説かれた現世内在的な愛は、『パンセ』における超越的な愛によって克服されたということであろう。しかし、その後の三木自身の哲学は、どちらかといえば『愛の情念に関する説』にみられるような生の内在的な理解の方向に進み、『パンセ』にみられるような超越的なるものとの関係は哲学の場ではほとんど問題にされなかった。ところが、彼の死後発見された遺稿『親鸞』には、超越的な阿弥陀仏への信仰が語られている。そうした信仰が、彼のそれまでの哲学とどのように関係しているのかについては、研究者の間でも意見が分かれている。そこには、容易には理解しがたい三木の思想の分裂がみられるのである。

『パスカルにおける人間の研究』を出した一九二六（大正一五・昭和元）年、三木は第三高等学校の講師となる。さらに京都帝国大学からの招聘を期待していたようであるが、大学院時代の「学問好きの未亡人」との関係がスキャンダル視されるなどして、実現しなかった。

2 「闇」としての「基礎経験」

†「ロゴス」の根底にあるもの

翌一九二七（昭和二）年、三木は法政大学教授となったのをきっかけに上京し、本郷菊坂の菊富士ホテルに居をかまえる。大正末の一九二四（大正一三）年から、一九二七（昭和二）年にかけて、マルクス主義の理論的指導者として福本和夫が論壇の注目を集めたが、そうしたことの刺激もあって、上京後の三木はマルクス研究の論文を次々と発表する。それらは一九二八（昭和三）年に、『唯物史観と現代の意識』として出版される。また、羽仁五郎と雑誌『新興科学の旗のもとに』を発刊するなど、マルクス主義的な文化運動にも参加するようになる。ただし三木のマルクス解釈は唯物論の立場に立つものではなく、パスカル研究の場合と同様に、あくまでも人間学的な視点からのものであった。そのため、正統的なマルクス主義者からは哲学的観念論として批判された。

ここでは、『唯物史観と現代の意識』のなかの代表的論文「人間学のマルクス的形態」について詳しくみてみよう。この論文で三木は、西田や和辻と同じように、人間の最も根源的な経験とは何かを考えることになる。三木によれば、人間はつねに他のさまざまな存在との「交渉」関係にある。その「交渉」の過程において、人間も他のすべての存在も、ともに現実的なものになっていくのだという。三木は、こうした「交渉」関係の構造全体が、人間の「経験」というものだとする。

こうした「経験」のなかでも、普段の「日常の経験」というものは、常に「言葉」というものによって支えられ導かれていると三木は考える。わたしたちは社会的な取り決めである「言葉」によって、物を分類し識別し、意志を伝達する。その意味で「日常の経験」というものは、「言葉」広くいえば「ロゴス」というものによって支配されているというのだ。

しかし三木は、そうした「日常の経験」の底に、「言葉の支配から独立であるという意味でひとつの全く自由なる、根源的なる経験」というものがあると考える。人間の「経験」には、「言葉」によって整理され秩序化される以前の混沌の世界があるというのである。それを三木は「基礎経験」となづける。それは、「ロゴス」以前の世界であり、逆に「ロゴス」を指導し、要求し、生産する経験」なのである。

「経験」は「ロゴス」によって表現されることによって、公共性をえて安定する。しかし「基礎経験」そのものは、既存の「ロゴス」によっては完全には秩序化できないものであり、本質的に「不安」なものである。「ロゴス」が「経験」を固定化し、安定させる作用をもつとすれば、「ロゴス」の支配を超えた「基礎経験」は安定を拒む「動的」なものである。「言葉」が、「経験」に公共性をもたらすことによって、そこに「光」を与えるのに対して、「基礎経験」は「言葉」をもっては表現できない「ひとつの闇」であるという。この「基礎経験」というものは、『パスカルにおける人間の研究』で説かれた「虚無」や「不安」という「根本経験」を受け継ぐものと考えられる。

†「ロゴス」の生成

さて、「ロゴス」の根底に「基礎経験」をみた三木は、今度は逆に「基礎経験」からどのようにして「ロゴス」が生まれるのかを問題にする。彼は「基礎経験」における「生の根源的なる交渉」のなかから直接に生まれる「ロゴス」を、「第一次のロゴス」とよぶ。

それは、「基礎経験」を表現し発展させるものである。しかし、「ロゴス」はいったん生みだされると、逆に人間の生活のあらゆる「経験」を支配し、指導するようになる。それはかえって生そのものを抑圧するようになるのである。そこで、絶えず変化し運動している「基礎経験」は、ある限界までくると、既成の「ロゴス」の圧迫に耐えられなくなり、「旧きロゴス」に反抗して「新しきロゴス」を要求するようになる。三木は、この過程を「ロゴスの第一次変革過程」とよぶ。

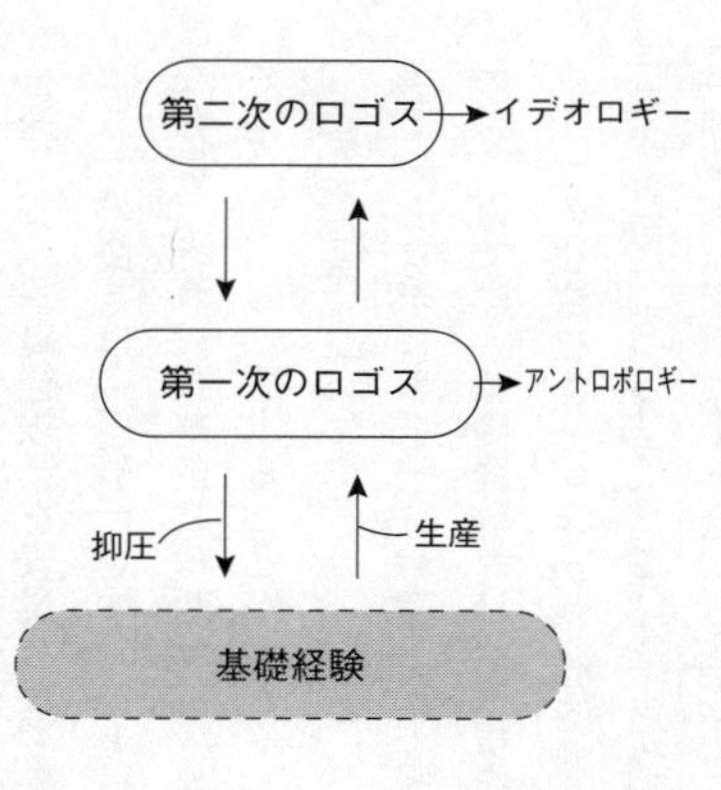

三木は、「第一次のロゴス」が体系化されたものを、「アントロポロギー（人間学）」とよぶ。人間は自己の本質とは何かということに対して、何らかの仕方において解釈を与えなければ生きていけない存在だという。こうした人間の自己解釈が、「アントロポロギー」だというのである。いうまでもなく「アントロポロギー」は、つねに「基礎経験」によって一定の方向に決定づけられている。

「第一次のロゴス」が「基礎経験」を直接的に表現したものであるのに対して、その時代の哲学や学問を通して「基礎経験」を表現したものが「第二次のロゴス」であるという。そもそも「ロゴス」の働きは「経験」をすくいあげ、そこに公共性をもたらすことにあった。だとするならば、それは最終的には哲学的・学問的意識によって客観化されることによってはじめて完全なものに達することができると三木は考える。彼はそうした「第二次のロゴス」を、「イデオロギー」とよぶ。

「アントロポロギー」は、「生の根源的なる交渉」のなかから直接生まれたものであるため、一方では「基礎経験」に直接根をおろしたものでありながらも、他方では「イデオロギー」の根底にあってその構造を規定している。その意味で「アントロポロギー」は、「基礎経験」と「イデオロギー」とを媒介しているのである。

「アントロポロギー」は、「イデオロギー」の成立にあたってその根底において働くが、ひとたび「イデオロギー」が成立すると、そのなかに安定をえて埋没してしまう。そのため、やがて「イデオロギー」はわれわれの生活に徹底的に干渉するようになり、われわれは時代の「イデオロギー」を通してしか存在と関わりをもてなくなってしまう。

　しかし、ここでも絶えず変化する「基礎経験」にとって、「イデオロギー」はやがて桎梏と感じられるようになり、動揺をはじめる。三木はそれを「ロゴスの第二次変革過程」とよぶ。ただし、こうした「イデオロギー」の変革は、「アントロポロギー」の変革によって規定されているという。したがって「ロゴスの第一次変革過程」は、「ロゴスの第一次変革過程」の後に起こるのだという。つまり最も根本的な「イデオロギー」の変革に際しては、ひとはその背後に必ず「アントロポロギー」の変化をみるのである。

以上が、論文「人間学のマルクス的形態」の内容である。「基礎経験」は、「第一次のロゴス」「第二次のロゴス」へと結晶化され安定していく。だが、それらの「ロゴス」はやがては硬直化し、逆に「基礎経験」を抑圧するようになる。しかし、やがてはこれらの「ロゴス」も崩壊し、再び「基礎経験」に密着した新たな「ロゴス」が再興される。このように、「基礎経験」と「ロゴス」との間には無限の運動があるというのである。

3 歴史を作りだすもの

†「存在としての歴史」と「ロゴスとしての歴史」

『唯物史観と現代の意識』が出された翌年の一九二九(昭和四)年に、三木は東畑喜美子と結婚し、杉並区高円寺に新居を定める。しかし翌年、三木は日本共産党に資金を提供したという嫌疑で検挙され、豊多摩刑務所に拘留される。この事件以降、三木はマルクス主義の研究から手を引くようになり、一切の教職からも退く。そのため、以後は文筆のみによって生計を立てることになる。

一九三二（昭和七）年、三木は『歴史哲学』を刊行する。そこでは、『唯物史観と現代の意識』において問題とされていた「基礎経験」と「ロゴス」との関係が、歴史のなかにありながら、新たな歴史を形成していく人間の実践的構造において、さらに深められている。

まず、三木は歴史とは何かを問題にする。一般的に、歴史というものには二重の意味があるとされる。たとえばドイツ語ではそれを、「ゲシヒテ（Geschichte）」と「ヒストリー（Historie）」とに区別している。「ゲシヒテ（Geschichte）」は、「起こる、生ずる」という意味の「ゲシェーエン（Geschehen）」という動詞に由来する。一方「ヒストリー（Historie）」は、「知ること、調べることで得た知識」という意味のギリシア語の動詞「ヒストレイン（historein）」に由来する。つまり、「ゲシヒテ（Geschichte）」は実際に起こった出来事を意味し、「ヒストリー（Historie）」はそうした出来事を調べ記述したものを意味している。

三木もまず、こうした二つの歴史概念から出発する。三木は前者の「出来事」としての歴史を「存在としての歴史」とよび、後者の「出来事の叙述」としての歴史を「ロゴスとしての歴史」とよぶ。「存在としての歴史」とは経験された歴史のことであり、「ロゴスとしての歴史」とは書かれた歴史のことであるといってもよい。

両者の間には不即不離の関係がある。「存在としての歴史」は、そこから「ロゴスとしての歴史」が生まれる出発点であると同時に、「ロゴスとしての歴史」が究極的にはそこに近づこうとする到達点でもある。

†「事実としての歴史」

しかし、三木はこの二つの「歴史」概念に加えて、さらに「事実としての歴史」という第三の「歴史」概念を考える。三木によれば、「存在としての歴史」が作られた歴史であるとするならば、「事実としての歴史」は歴史を作る行為そのもののことであり、絶えず運動し発展するものであるという。その意味で「事実としての歴史」は、「存在としての歴史」をも超えた「原始歴史」であり、歴史の「基礎経験」である。

こうした根源的な歴史を三木が「事実としての歴史」とよんだのは、ドイツ語で「事実」を意味する「タートザッヘ（Tatsache）」という言葉に触発されてであろう。「タートザッヘ（Tatsache）」は、「タート Tat（行為）」と「ザッヘ Sache（事物）」の複合語である。三木は歴史を作る「行為」というものを単に主観的なものとは考えずに、具体的な「事物」と深く関わるものとしてとらえ、そうした「行為」と「事物」の双方の根源にあるものという意味で「事実」という言葉を使ったのであろう。

「存在としての歴史」とは、出来事の連鎖であり、因果的必然性によってとらえることのできるものである。それに対して「事実としての歴史」とは、「存在としての歴史」から必然性を奪い取る「偶然」的なものである。ただしそれは因果的必然性と対比した場合であって、「事実としての歴史」も「身体」によって「環境」と関わるところに生ずるという点では、むしろ「必然」的なもの、あるいは深い内的な必然性としての「運命」的なものであるという。

「事実としての歴史」は「現在」の「瞬間」においてあるものであり、絶えず「存在としての歴史」を断ち切って生成するものである。こうした「事実としての歴史」に対して、「存在としての歴史」はしばしば桎梏となってしまう。しかし「事実としての歴史」は、いかに抑圧されても萎えることのない「原始的」「根源的」なものであり、「存在としての歴史」を破壊し、新たな歴史を作っていく。いい方をかえると、「存在としての歴史」が「有」とすれば、「事実としての歴史」は「無」であるという。

三木によれば、絶えず移りゆく歴史の過程を完結させ、一つの全体を形成するのは「事実としての歴史」以外にはないという。「事実としての歴史」という「現在」の「瞬間」

は、過去から未来へという通常の歴史の進行に逆行し、過去の出来事を「手繰り寄せ」、「繰り返す」。あるいは無数の伝えられた出来事の中から、伝えるべき意味をもったものを「選択」する。また歴史を叙述するということは、何らかの「全体」が与えられ、個々の「出来事」がその「全体」と関連づけられることによってはじめて可能となるが、不断の歴史の流れを完結させ、「全体」を作り出す絶対的な時間とは、「現在」の「瞬間」以外にはない。「事実としての歴史」こそが、歴史に真の「意味」を与えるのである。このようにして「事実としての歴史」は、最も近い現代の「出来事」をも過去として葬ることもでき、最も遠い過去の「出来事」をも現代として生かすこともできる。

『唯物史観と現代の意識』において、三木は「基礎経験」からどのようにして「第一次のロゴス」「第二次のロゴス」が生みだされてくるのかを問題にした。それを受けて『歴史哲学』では、「事実としての歴史」からどのようにして「存在としての歴史」「ロゴスとしての歴史」が生みだされてくるのかを問題にしている。ここで「事実としての歴史」という概念は、三木が一貫して追及してきた「不安」「闇」「虚無」としての「根本経験」「基礎経験」といったものに通じるものである。ただし、それらに較べて「事実としての歴史」という概念は、より創造ということと深く結びついている。「事実としての歴史」は既存の歴史を絶えず破壊すると同時に、新たな歴史を絶えず創造するものなのである。このあたりから、三木にとって「不安」「闇」「虚無」といったものが、克服すべき不気味なものであるよりも、むしろ新たな創造の力の源泉ともいえるようなものへと変化していくのである。

4 「構想力」の哲学

†虚無からの形成力

これまで三木は、「不安」「闇」「虚無」といった人間の最も根源的な経験と、それが公共化・社会化・ロゴス化されたものとを明確に区別した上で、両者の関係を問題にしてきた。それは、『唯物史観と現代の意識』では「基礎経験」と「第一次のロゴス」「第二次のロゴス」との関係として、『歴史哲学』では「事実としての歴史」と「存在としての歴史」「ロゴスとしての歴史」との関係として論じられた。しかし、『歴史哲学』において歴史の創造という問題に突き当たった三木は、これら両者の根源に、人間の創造の能力というものを想定するようになる。それが「構想力」というものである。三木によれば「構想力」

とは、「ロゴス」と「パトス」との根源にあって両者を統一する能力であり、具体的には「形」を作る働きである。

「構想力」の問題を扱った三木の哲学的主著といえるものが『構想力の論理』である。『構想力の論理』は、一九三七（昭和一二）年から雑誌『思想』に連載が開始される。そして後に「神話」「制度」「技術」の三章が一巻にまとめられ、一九三九（昭和一四）年『構想力の論理　第一』として出版される。その後も続編「経験」が書きつがれ、未完のまま死後の一九四六（昭和二一）年、『構想力の論理　第二』として出版される。

三木は『構想力の論理　第一』の序文で、次のように述べている。

「前著『歴史哲学』の発表（一九三二年）の後、絶えず私の脳裏を往来したのは、客観的なものと主観的なもの、合理的なものと非合理的なもの、知的なものと感情的なものを如何にして結合し得るかという問題であった。当時私はこの問題をロゴスとパトスとの統一の問題として定式化し、すべての歴史的なものにおいてロゴス的要素とパトス的要素とを分析し、その弁証法的統一を論じるということが私の主なる仕事であった。」

三木が、こうした哲学に思い至った要因には、当時の時代背景も考えられる。三木は

『歴史哲学』を刊行した翌年の一九三三（昭和八）年に、論文「不安の思想とその超克」を発表する。ここで三木は、満州事変以降「不安」の意識というものが日本の知識人の間に浸透したことを指摘し、それを超克するには、「ロゴス的意識とパトス的意識との統一」の上に立った「新しい人間のタイプ」の創造が必要であると説いている。またこの年、かつて留学時代の師であったハイデッガーが、ナチスに入党したという報を聞いて、ハイデッガーがドイツの統一を「血と地と運命」というパトス的なもののみに求めたことを批判し、「ロゴスの力を、理性の権利を回復せよ」（「ハイデッガーと哲学の運命」）と述べている。パトス的なものをいかにロゴス化していくかという問題は時代の要請でもあったのだ。

さらに、三木の「構想力」の哲学は、西田哲学の批判的摂取という側面ももっている。三木にとって「構想力」の哲学とは、何よりも創造の哲学であったが、そこには晩年に西田が説いた「制作」や「ポイエシス」といった概念の影響が考えられる。ただし、三木は『構想力の論理　第二』の序文で、表面的には西田哲学を批判している。

「東洋的論理が行為的直観の立場に立つといっても、要するに心境的なものに止まり、その技術は心の技術であり、現実に物に働き掛けて物の形を変じて新しい形を作るという実践に踏み出すことなく、結局観想に終り易い傾向を有することに注意しなければならぬ」

ここで三木は、西田哲学の「行為的直観」の立場が、結局は「観想」の立場を完全には脱却していないと批判しているのである。明らかに西田の「制作」や「ポイエシス」の考え方の影響を受けている三木が西田を批判したのは、西田が「制作」や「ポイエシス」の根源に「絶対無」というものの積極的な働きをみていたからであろう。それに対して、三木は人間の根源に「虚無」しかみることができなかった。

「どんな方法でもよい。自己を集中しようとすればするほど、私は自己が何かの上に浮いているように感じる。いったい何の上にであろうか。虚無の上にというのほかない。自己は虚無の中の一つの点である。」(『人生論ノート』)

人間の根源に、こうした「虚無」しかみることのできなかった三木は、創造の問題をどこまでも人間の主体の能力にもとづくものと考えようとしたのである。その意味で、「構想力」とはまさに「虚無を掻き集める力」、「虚無からの形成力」なのである。

†「構想力」と「図式」

三木は、「構想力」というものを直接的にはカントから学んだ。彼は、カントの「構想力（Einbildungskraft）」に関する議論を独自に解釈しながら、みずからの基本的な考え方を打ち立てようとしている。

カントは『純粋理性批判』において、われわれに立ち現れる多様な現象を統一する能力として、人間の「悟性」の働きの根源に「先験的統覚」というものを考えた。そして多様な現象と「先験的統覚」との間にあって、両者を橋渡しするものとして「構想力」というものを考える。「構想力」の働きによって、はじめて多様な現象は「先験的統覚」に合致するものとなるし、逆にまた「構想力」の働きによって、「先験的統覚」も多様な現象のなかに入っていくことができるようになるというのである。したがって、ある意味でいえば「先験的統覚」よりも、「構想力」の方が一層根源的な働きであるということになる。

では、なぜ「構想力」にそうした能力があるのだろうか。カントによれば、それは「構想力」に「図式」というものを生みだす働きがあるからだという。では「図式」とは何か。まずカントは、「図式（Schema）」と「形像（Bild）」とを区別する。たとえば一匹の犬をみているとき、その犬の具体的な形が「形像」である。一方、目の前の犬と多少大きさや毛の色がかわった動物が現れても、やはり人間はそれを犬として認識することができる。それは、さまざまな姿のヴァリエーションを通して、どこからどこまでが犬かという犬の姿がとりうる可能な範囲を示す規則というものが人間に備わっているからだとカントは考える。その規則が形をとったものを、カントは犬という「概念」の「図式」とよぶ。ただし三木によれば、カントのいう「図式」とは「概念」がまずあって、それを「形像」化したというようなものではなく、むしろ「概念」の根底にあるものであり、「概念」はこの「図式」から抽象によって作られたものだという。そしてまた、「図式」は個々の「形像」の基礎にあって、「形像」を可能ならしめるものでもある。

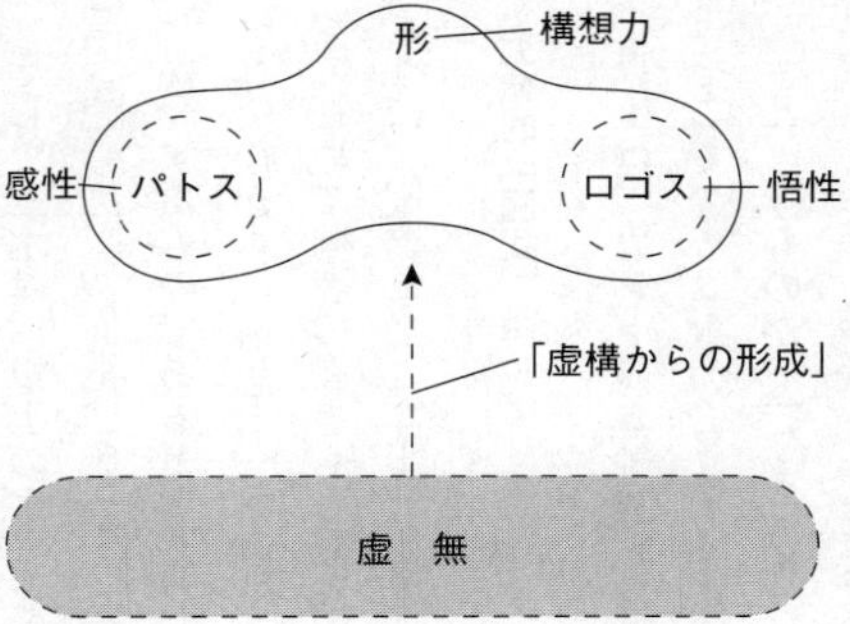

このようにカントのいう「図式」とは、個別的であるとともに普遍的、具体的であるとともに一般的、感性的であるとともに知性的なものなのである。そしてカントは、そうした「図式」を生みだすものが「構想力」であるとした。

形—構想力
感性—パトス
ロゴス—悟性
「虚構からの形成」
虚　無

そして三木は、以上のようなカントの考え方を拡大解釈し、「構想力」とは広くいえば、「図式」という形を作ることを通して、感性と悟性、パトス的なものとロゴス的なものとを媒介するものであると考えた。しかも三木は、感性と悟性の働きがまず独立に存在して、それを後から「構想力」が機械的に結びつけるというのではなく、「構想力」の働きによって初めて両者の働きも可能になるのだと解釈する。そうした意味でカント自身も説いたように、「構想力」は感性と悟性との「共通の根」なのである。

†創造的「図式」論

以上は、カントの『純粋理性批判』における「図式」論に基づいた議論であるが、三木はそこでのカントの考え方を高く評価しながらも、『純粋理性批判』の段階ではまだ「図式」というものが、「与えられた規則」に縛られた固定的なものと考えられている点に限界があるとする。そして三木は、カントにおいても『判断力批判』では、より創造的な「図式」論、「構想力」論が展開されているとして、次に『判断力批判』を扱うようになる。その際三木は、『判断力批判』における天才論に注目する。三木によれば、カントのいう天才とは「構想力」によって新たな「図式」を創造する者のことなのである。

カントは、天才の特性として四点を上げている。まず第一は「独創性」である。天才は一切の規則に従わずに新たなものを創造する才能をもった者のことである。

しかし独創的ではあっても、それが無意味なものである場合もあるから、第二に天才の特性はその生産物が「範例的（exemplarisch）」なものでなければならないという点にある。つまり天才の作品は、芸術的評価の基準となるものでなければならないのである。ただし、芸術的評価の基準になるといっても、それはある一定の規則や概念といったものにまとめられるものであってはならない。もしそのようなものであれば、その天才はその規則や概念に従って作品を制作したことになり、一切の規則に従わないという天才の定義に反することになるからである。その意味で天才の作品とは、それがいかなる一般概念にも包摂されないという意味で、どこまでも個別的特殊的なものでありながら、同時に「範例的」であるという意味において一般的普遍的なものでなければならない。三木は個別的特殊的でありながら、同時に一般的普遍的であるとは、まさに「図式」そのものの性格であるとし、天才が芸術に与えるものは「図式」であると解釈する。つまり天才とは「範例的」な「図式」を新たに創造し、しかもそれに基づいて具体的な物を作品として創造する人間のことだというのである。

さて、天才の第三の特性は「自然として働く」という点である。天才の制作はいかなる規則にも基づかない独創的なものであるが、しかしそれは唯一「自然」には依拠するという。カントは天才を、「自然がそれによって芸術に規則を与えるところの生得の心的素質」と定義している。その意味で天才とは「主観における自然」なのであり、「自然の寵児」なのだという。天才（genius）という語は、その人間を守護し指導するために出生の際に与えられる霊を本来意味しているが、カントによれば、天才の独創性は自然そのものの独創性によって与えられたものなのである。もちろん、天才とは「自然」に従うものであるといっても、それは厳格な規矩に服従するように従うわけではない。天才はどこまでも自由でありながら、しかも自然の大きな力にかなうのである。その意味で天才とは必然と自由とを統一させた存在であるともいえるという。特に三木はのちに、天才に関するこの第三の特性を重視し、そこから「構想力」に関する新たな議論を展開させていくが、その点はあとで論じることにしたい。

天才に関する最後の第四の特性は、それが学問ではなく芸術においてのみ認められる才能であるという点である。天才というものが一定の理論的な概念を提示する能力を意味するものではない以上、それは学問の世界には当てはまらない才能であるとカントは考える。カントが芸術にのみ天才を認めたことは、天才というものが理性や悟性ではなく、何よりも「構想力」と密接な関係をもったものであることを示そうとするものであると三木は考える。しかも三木によれば、芸術家が学者と異なるのは、物を知るのではなく、物を作るという点にあるという。芸術作品は、感覚的物質的な形ある物である。芸術家にとって「構想力」とは一方で普遍的な概念に関係すると同時に、他方で何よりも感覚、直観、素材に関係する能力である。天才は単なる認識においてではなく、物の生産において美的理念を表現するものなのである。

以上のように、三木はカントの天才論を独自に解釈することを通して、より創造的な「構想力」の哲学を展開した。ただし三木は、カントが天才を芸術の分野にのみ限定したことの深い意味を理解しながらも、「構想力」によって日々新たな「形」を創造するのは、極端にいえばすべての人間に共通したことであると考える。つまりすべての人間は、何らかの程度、何らかの仕方において、みな天才的であるというのである。

5　自然と「技術」

†人間の「超越性」と「技術」

このように三木は、人間とは「構想力」によって新たな「形」を創造していく存在であると考えた。そしてカントの天才論は、ある意味ではすべての人間に当てはまるものだというのである。ではなぜ人間はそのように、「構想力」によって「形」を作る存在なのか。それを三木は、人間と動物との本質的な違いのなかに求めた。

三木によれば、生命はすべて環境においてある。ただし動物と人間とでは、環境との関係がまったく異なっている。動物は環境と調和して生きていく道を、「本能」によって生得的に備えている。それに対して人間は、環境のうちにありながらも、環境から乖離し環境から超越している。その意味では、人間にはもはや動物的な意味での「本能」は存在しないのだという。たしかに、人間の食欲も性欲も、単純な個体維持や種族保存の目的をはるかに逸脱したものとなってしまっている。

人間は環境から切り離されることによって、環境と調和した安定した生き方を見失い、「無限性の、超越性の性格を帯びた感性的なもの」となり、「デモーニッシュ」な存在となる。それは「人間存在の限りない窮迫」を示すものであるという。それを三木は人間の「パトス」的な性質とよぶ。

しかしまた一方、人間は環境から切り離されることによって、環境を対象的に、客観的に認識することができるようにもなったと三木は考える。つまり、それによって人間は「ロゴス」的ともなったというのである。こうして人間は、「パトス」的であると同時に、

「ロゴス」的な性質をもつことになったという。

このように、人間は環境から乖離した存在であるが、しかしそうした人間も環境から切り離されたままで生きていくことはできず、再び環境と結びつかなければならない。そのため、人間は「構想力」によって新たな「形」を創造しなければならないのだと三木は考える。その場合、主体と環境とを結びつける働きを、三木は「技術」とよぶ。人間の活動は、そのあらゆる方面において「技術」的であると三木はいう。

三木によれば、主体と環境とを結びつける「技術」とは、人間の主観的な目的と、物の客観的な因果関係とを結合するものであるという。単に恣意的な目的は、自然の法則によって否定されてしまう。主観的な目的は、客観的な自然法則によって裏づけられなければならないのだ。三木によれば、主観的・「パトス」的な人間の目的設定と客観的・「ロゴス」的な自然法則の認識とを結びつけるものは「構想力」である、という。

そして、そうした「構想力」の働きによる「技術」の本質は、「形」を作ることにあるとする。「技術」が作る最も根本的な「形」が「道具」である。「道具」は主観的であると同時に客観的なものであり、主観と客観とを媒介するものである。動物の「本能」による環境への適応が「有機的な器官（Organ）」によるとするならば、人間の「技術」による環境への適応は「機械的な道具（Werkzeug）」による。

三木によれば、こうした「技術」は「発明」という原理にもとづいている。「発明」の過程は総合的である。それは既存の要素を構成的に同化し、新しい形態を形成することである。それは「発見」というものと対照的である。「発見」の過程は分析的である。それは、複雑なものを分析し、特殊的なもの、偶然的なもの、非本質的なものを除き、一般的なもの、必然的なもの、本質的なものを抽象していくことである。科学の「発見」が求めるものは自然の抽象的な法則であり、純粋に「ロゴス」的なものであるが、「発明」とは、多様性を含み込んだ具体的なものとしての「形」を作ることである。

このように環境から乖離した人間は、「構想力」によって「技術」を生みだし、環境と再び結合しなければならないものと三木は考えた。今まで三木は、人間の本質を「不安」「闇」「虚無」として扱ってきた。その具体的内容は、マクロとミクロの世界の「中間者」としての人間のあり方であったり、社会化・合理化される以前のカオスとしての人間の姿であったりした。それをここでは、新たに環境から乖離した人間の宿命として説明しようとしているのである。

†「第二の自然」としての「制度」

しかし、そうした本来創造的な「技術」も、それがいったん出来あがると固定化し、逆に人間をしばっていく危険性を常にもっている。それを三木は「制度」という形で問題にしている。

三木は、「技術」が複雑な体系となって慣習化されたものを「制度」とよぶ。ここで三木のいう「制度」とは、道徳、習俗、法律、政治、言語、芸術といったもののすべてを指しており、その意味で広く「文化」全般を意味するものといえよう。

三木は「制度」の本質として三点をあげている。第一に、ヴァレリーの言葉を引用して、どんなに永続的で強固にみえる「制度」も、フィクショナルなものであることを強調する。先に述べたように、「技術」を作り「制度」を作るのは、「本能」の壊れた人間の特性である。動物の「本能」は「制度」を作ることはない。したがって「制度」とは、「本能の征服」であり「象徴・記号の支配」であるという。人間の文明の進歩は、「事実の国」から「フィクションの国」への進歩であるのだ。すべての人間社会は、そうした「構想力」の作ったフィクショナルな形像の力によって存続しており、もし人がそうした形像を信用しないならば、すべての「制度」は崩壊してしまうという。

三木がこのように「制度」が「フィクション」であることを強調するのは、そのことが見失われてしまう恐れが常にあるからである。つまり三木によれば、「制度」は第二に、「慣習」的な性格をもっているという。そのため「制度」はフィクショナルなものではあっても、常に恣意的なもの、自由なものとみなされるわけではなく、多くの場合、自然的なもの、必然的なものとみなされてしまうのである。つまり「制度」は「フィクション」ではあるが、我々の内面に深く食い入ってしまうものなのである。「本能」が遺伝的自然であるとすれば、「慣習」は作られた自然という意味で、「第二の自然」ともいえるものなのである。

「制度」のもっている、こうした「慣習」的な性格は、必ず強制的な性格へとつながっていく。三木は、「制度」のもつ性格として第三に、規範的・ノモス的性格をあげている。「制度」は、流行、習俗、道徳、法律などのさまざまな形をとって、「強制的に或いは権威的に個人に対する」ものとなるのだ。

以上のように、三木は「構想力」が作る「技術」が、「制度」となって逆に人間をしばっていくあり方を描いている。しかし、三木はそうしたあり方への批判ということは特にしていない。従来三木は、「不安」「闇」「虚無」といった人間の根本的経験が、ロゴスの世界を生みだすものであると同時に、それを突き崩していくものであることも強調していた。『唯物史観と現代の意識』では、「基礎経験」は「旧きロゴス」に反抗し「新しきロゴス」を要求して、「第一次のロゴス」「第二次のロゴス」を変革していくものとされていた。また『歴史哲学』では、「事実としての歴史」が「存在としての歴史」「ロゴスとしての歴史」を破壊し、新たな歴史を作っていくものとされていた。それに対して『構想力の論理』では、「形」の創造という面においては、以前より精緻な議論が展開されるようになったが、逆に古くなって人間を抑圧するようになった「形」が、どのようなメカニズムで、どのようにして崩壊していくのかという側面に関する考察は弱まってしまったのではなかろうか。

†自然の「構想力」

さて、これまで三木の「構想力」の哲学の内容を紹介してきた。そこでは動物と異なって「本能」を失い、環境から乖離した人間が、環境と再び結びつくために「構想力」の働きが必要であるとされた。

ところが『構想力の論理』の後半において、三木はそうした「構想力」が、人間を超えた生命全体、自然全体の働きに基づいたものであると考えるようになる。それが「自然の構想力」という概念である。つまり三木は、「構想力」というものが自然そのもののうちにも備わっていると考えるようになるのである。

先に述べたように、三木はカントが天才としてあげた四つの特性のうちの三番目の「自然として働く」ということの「自然」という言葉を重視する。カントによれば、天才とは

「自然の寵児」であり、自然のもつ独創性を受け取って、それを自己の創造の源泉とする者のことであった。その点に関して三木は、実は自然のそのもののうちに「構想力」というものが備わっており、天才の「構想力」が作りだす創造的な「形」というものは、何らかの意味でそうした「自然の構想力」が作りだす「形」をかたどったものであると解釈する。そうであるが故に、天才の作品は「範例」としての普遍性をもつことができるというのだ。しかも、すでに述べたように、人間はすべて天才的要素をもった存在だと三木は解釈するから、結局人間の「構想力」は、すべて「自然の構想力」に基づくものだということになる。

では、「自然の構想力」とは、どのようなものなのであろうか。そもそも人間が「構想力」によって「技術」や「制度」を作るのは、他の動物のように「本能」によって環境と結びついたあり方が壊れ、人間のみが環境から乖離しているからであった。しかし、よく考えてみれば動物の「本能」も決して不変なものではない。生命の「形」というものも、進化論の立場からみれば、環境に対する適応として、「技術」的に生成したものである。生命あるものは環境に対して「技術」的に、「発明」的に適応していくことによって生活し進化していくのであり、その意味で生命のすべての活動は「技術」的であるとみなすこともできる。三木によれば、それは自然全体が「構想力」をもっているということの証なのである。

三木は自然を「形」の変化としてとらえる、ゲーテの自然学に注目している。ゲーテは抽出された特定の器官によって植物を分類するような従来の形態学を批判し、個々の自然をトータルな形態としてとらえようとした。そして自然のうちに原岩石、原植物、原動物といった「原型」を想定し、そうした「原型」の「メタモルフォーゼ」によって全ての自然の形態のダイナミックな関係・連鎖を説明しようとしたのである。しかも三木は、進化論成立前のゲーテとは異なって、自然の個々の「形」の進化というものも視野に入れている。つまり自然の「形」を作りあげる「自然の技術」は、環境との緊張関係のなかで常に「発明」的であり、個々の「形」そのものを絶えず変化させているというのである。

そして三木は、「形」の変化の歴史として、自然もまた歴史をもったものであるとして、「歴史的自然」という概念を提出し、「自然史」と「人間史」とを「形の変化(transformation)」という概念において統一的にとらえようとする。「技術」は、環境から超越した人間の、環境に対する戦いとして生まれた。その意味で「技術」は「生の戦術」である。しかし、「技術」の戦闘的側面ばかりを強調してはならないと三木はいう。「技術」は自然から乖離した人間を再び自然と結合し、自然に還帰させるものだからである。その意味で人間の「技術」は、自然の「技術」を受けつぎ、それを完成させるものなのだという。人間と自然とは近代の人間主義のなかで厳格に区別された。しかし両者は、「技術」による絶えざる「形」の変化の歴史において一つであると三木は考える。その意味で「技術」は、戦闘の方法であるばかりでなく、和解の方法でもあるという。

以上が、三木の「自然の構想力」に関する議論である。人間と自然とを架橋しようとするこうした考え方は、議論自体としては興味深いものである。しかし、これまでの三木の哲学を振り返ったとき、そこには大きな問題があるように思われる。このように、人間の「構想力」を自然全体にまで拡大してしまっては、人間と動物との質的差異が曖昧となり、人間の主体的形成の働きを重視する三木のそれまでの一貫した姿勢が崩れてしまうことにならないであろうか。そのことはまた逆にいえば、環境破壊などにみられるような、人間の「技術」のもつ「デモーニッシュ」な性格がもたらす危険性に目をつぶることにもならないであろうか。

ただし、こうした問題点にあえて踏み込んでまで三木が自然の「構想力」という考え方を導入してきたのは、「虚無」の上に立った人間の主体的形成の哲学に限界を感じ、人間の「構想力」がよって立つ何らかの超越的な根拠がほしくなってきたからなのであろうか。というのは、この時期三木は、「構想力」の哲学を説く一方で、それを超えた超越的な世界を模索していたからである。それが遺稿『親鸞』である。

6　超越へのまなざし

†宗教的「真理」

三木は、一九四五（昭和二〇）年獄中で亡くなるが、死後『親鸞』と題する未完の遺稿が発見された。これがいつ書かれたものかは不明だが、三木が晩年に書きついでいたものであることは間違いない。世界の「虚無」を説き、人間による「虚無からの形成」を説いた三木が、なぜ晩年親鸞の思想を問題にしたのか。多くの研究者が疑問に思うところである。

しかし、若い日の『歎異抄』や『パンセ』への共感にみられるように、三木のなかには明らかに宗教的なものへの強い感性がみられる。ただし、それと「虚無」の哲学とがどのように関連するのかは三木自身語っていない。

ひとまずは、『親鸞』の内容をみてみよう。まず三木は、親鸞の宗教を「体験の宗教」と考えることを批判する。そして、親鸞の宗教は、主観的な「体験」の問題ではなく、

「真理」の問題であるとする。「真理」は単に「人間的なもの、主観的なもの、心理的なもの」ではなく、あくまでも「客観的なもの、超越的なもの、論理的なもの」であるという。ただし、親鸞の説く宗教的「真理」の客観性とは、いうまでもなく自然科学が追求するような「物理的客観性」ではなく、「経の言葉という超越的なもの」にもとづいた客観性であると三木は考える。特に南無阿弥陀仏という「名号」は、「最も純粋なる言葉、いわば言葉の言葉」だというのだ。

すでにみてきたように、三木の「構想力」は人間と環境とをいかに統合するかという点に問題があった。しかし、ここでは三木は、あくまでも世界を超えた超越的な客観性を追い求めている。

さらに、『親鸞』で問題にされているのは、人間の「罪悪感」というものである。三木によれば、宗教的「真理」に照らされたとき、人間が自覚する「罪悪感」というものが、親鸞の宗教の中心的なテーマであるという。三木は仏教一般がそこからでてくる「基礎経験」ともいえるものは、「無常感」であるとする。しかし三木は、親鸞の著作に「無常感」が少ないことに注目する。「無常感」は芸術的観照や哲学的観想と結びつき、出世間的な非現実主義になってしまう傾向がある。それに対して、親鸞の宗教は「倫理的」であり、「実践的」であるという。親鸞において「無常感」は「罪悪感」に変わっている。自己は単に無常な存在なのではなく、悪人なのである。

ここでも三木の説くところは、彼のそれまでの哲学にみられる考え方とは異なっている。たしかに『構想力の論理』でも、静的な観照の立場が否定され、実践が要求されている。しかしいうまでもなく『親鸞』においては、実践とは宗教的実践を意味しているのであって、「構想力」による創造を意味しているわけではない。逆に、人間の本質が「罪悪感」からとらえられているということは、それまでの三木が説いていた「構想力」に基づく「技術」という人間の営みが根本的に否定されているといってもよいのではなかろうか。

†罪と歴史認識

親鸞においては、こうした「罪悪感」という人間性の自覚は、現在を正しい仏法から遠く隔たった末法の世と考える歴史の自覚と結びついている。親鸞にとって「末法史観」とは、単に外から与えられた客観的な時代区分ではなく、「主体的」に把握されたものであるという。つまり親鸞の同時代への批判は、単に客観的な批判ではなく、主体的な「悲泣」であり、自己批判でもあるというのだ。親鸞は「時代において自己を自覚し、自己において時代を自覚した」のである。

しかも親鸞は、自己の罪の深さを自覚すればするほど、その罪が決してかりそめのものではなく、何か超越的な根拠をもったものであることを思わずにはいられなくなる。「末法史観」は、そうした罪の意識に超越的根拠を与えるものでもある。なぜならば「末法史観」は、正しい仏法からの隔たりによって時代の悪が生まれ、人間の罪が生まれたことを教えているが、そのことは逆にいえば、時代の悪と自己の罪とを超越的な根拠から理解することを教えていることにもなるからだ。

親鸞によれば、浄土教はそうした末法の世の人々に即応した教えであり、「時機相応の法」であるという。親鸞は、このように浄土教の「歴史性」を強調したが、それは単に相対主義に陥ったわけではないと三木はいう。浄土教とは、一面において特殊的に末法の時代に相応すると同時に、他面においては普遍的にあらゆる時代に通ずる教えであり、だからこそそれは、「真に具体的な絶対性」をもったものだという。なぜならば真の絶対性とは、「特殊的であると同時に普遍的であり、時間的であると同時に超時間的」なものだからである。

さらにまた親鸞にとって、浄土教のもつ普遍性は、「十方衆生」を救済するという現実的普遍性でもある。念仏はあらゆる人において同一、平等であり、そこから信者の社会的生活における根本的な態度である「御同朋同行」主義がうまれる。したがって、浄土教の具体的普遍性は、「同朋同行によって地上に建設されてゆく仏国」をめざすものなのである。

以上が、『親鸞』の主な内容である。それまでの三木の哲学との余りの違いに、驚かされるばかりである。もちろん『親鸞』にみられる歴史を動かすものへの深い関心は、三木の哲学全体を通してみられたものである。しかし、それがこのような意味での超越的存在に求められたことは一度もなかった。

ただし、すでにみたように三木は代々浄土真宗の信仰篤い家に生まれ、彼自身も若き日に『歎異抄』を愛読した。事実、「私にはやはりこの平民的な浄土真宗がありがたい。恐らく私はその信仰によって死んでゆくのではないかと思う」（「我が青春」）とも述べている。また仏教とキリスト教との違いはあるにせよ、絶対者への信仰を扱ったという点においては、遠く処女作の『パスカルにおける人間の研究』とも呼応している。だとするならば、三木の「虚無」の哲学は、哲学という場に限定されたもので、三木の思想全体をおおうものではなく、三木には宗教的な信仰が一貫してあったと考えるべきなのであろうか。

あるいはそうではなく、心底「虚無」の哲学を追求した三木が、結局それに挫折したところで、若き日に触れた親鸞を思い起こしたということなのであろうか。さきに述べたように、『構想力の論理』においても、三木は「虚無」の上に立った人間の主体的形成の哲学に限界を感じ、「自然の構想力」という超越的な根拠を持ちだしていた。しかし、いずれにせよ推測の域をでない。

†晩年の三木

『構想力の論理』の連載が開始される前年の一九三六（昭和一一）年、三木は「昭和研究会」に参加する。この会は、一九三三（昭和八）年に近衛文麿の友人の後藤隆之助が中心となって結成した、近衛のための私的な政策研究会である。三木は一九四〇（昭和一五）年に会が解散するまで、理論的指導者の一人として活躍する。会の名で発行されたパンフレット『新日本の思想原理』や『協同主義の哲学的基礎』には、三木の議論が強く反映している。そこでは、西洋的なゲゼルシャフト的文化と東洋的なゲマインシャフト的文化との総合による新たな文化の創造が説かれ、それによって資本主義の矛盾を解決し、東アジアの各民族が協同する「東亜協同体」が形成されるべきことが主張されている。

私生活においては、一九三六（昭和一一）年に妻の喜美子に先立たれたため、一九三九（昭和一四）年に小林いと子と再婚する。

一九三八（昭和一三）年からは雑誌『文学界』に、「死」や「幸福」や「孤独」など人生上の諸問題を論じた「人生論ノート」を二一回にわたって連載し、一九四一（昭和一六）年に単行本として刊行する。この書は、三木の著作のなかで、最も広く愛読されるようになったものである。

一九四〇（昭和一五）年、『哲学入門』を岩波新書の一冊として刊行する。この書は基本的な考え方を西田哲学に負っており、三木の西田からの強い影響を改めて感じさせるものである。また一九四二（昭和一七）年には、人間の行為の本質を、「技術」的制作のうちにみる『技術哲学』を刊行する。この書は「構想力」の哲学を「技術」という観点から詳述したものといえよう。またこの年、三木は徴用されて一年間、陸軍報道班員としてマニラにおもむくことになる。

一九四四（昭和一九）年には二度目の妻いと子にも先立たれ、三木は一人娘の洋子とともに埼玉県鷲宮町に疎開する。翌一九四五（昭和二〇）年、警視庁を脱走した友人に食事と着物を与えたかどで、治安維持法の容疑者として治安維持法の容疑者をかくまった嫌疑で検挙され、豊多摩拘置所に拘留される。敗戦後の九月二六日獄中で病死する。享年四八歳であった。

おわりに

遺稿『親鸞』にみられた三木の宗教性と、それまでの彼の「虚無」の哲学、あるいは「構想力」の哲学とはどのような関係にあるのであろうか。三木の哲学は大きな謎を残したままである。

こうした一見分裂した状況に三木を追い込んでいった根本的な原因の一つは、三木が西田の「無」の哲学を、そこから宗教的要素を一切排除した「虚無」の哲学として受けとめたことにあるのではなかろうか。ここで注意しなければならないのは、元来「無」の哲学というものが、必ずしも広い意味での宗教性と相矛盾するものではないという点である。たとえば、西田においては「制作」「ポイエシス」を基礎づけた「絶対無」は、同時に『場所的論理と宗教的世界観』で述べられていたように、仏教やキリスト教を基礎づけるものでもあったのだ。また、田辺や和辻や九鬼においても「空」や「無」は決して「虚無」ではなかった。

その点で三木の「虚無」の哲学は、余りに限定されたものであったといえよう。もちろん、そこにこそ西田哲学の影響を強く受けながらも、それを徹底的に克服しようとした三木の哲学の魅力があるのだが、同時にまたそこに大きな躓きの石があったのではなかろうか。

終章

これまでわれわれは、「哲学」というものを、何ものをも前提としない知の無限の運動としてとらえ、そうした観点から西田の「無」の哲学を再評価しようとしてきた。西田がそうした「無」の哲学を創出しえたのは、「疑いうるだけ疑って、すべての人工的仮定を去り、疑うにももはや疑いようのない、直接の知識」(『善の研究』)を求めていくのが「哲学」だと考えていたからである。

しかし、実は西田は一方で、「哲学の動機は……深い人生の悲哀でなければならない」(「場所の自己限定としての意識作用」)とも語っている。なぜならば、「人生の悲哀」によって通常われわれがそこに安住している日常の表層の世界が崩れ、「人間の深い根底」が露わになってくるからである。

西田は、妻の病気に悩む後輩に次のような手紙を送っている。

「哲学が生きた力となるということは中々容易のことには無之(これなし)と存じ候が、真の哲学は

どうしてもそこまで行かねばならぬかと存じ候。」（田辺元宛書簡）

つまり西田によれば、「哲学」とは単なる知の運動ではなく、人生において「生きた力」となるものでもなければならないというのだ。事実、西田の説く「無」は、「人生の悲哀」のただなかにいる人間に、深い慰めをもたらす「生きた力」となるものでもあった。

「私の所謂（いわゆる）「無」というものは「無」という語によって人がすぐ想像する如き非人情のものにあらず。私の「無」の自覚というのはAgape〔愛〕の意味を有するものにて……」（逢坂元吉郎宛書簡）

「私の「無」というのは各人の自由を認めいかなる罪人をも包む親鸞の如き暖い心でなければならぬ。」（和辻哲郎宛書簡）

ただし西田は、このように「無」に実質的な意味を込めようとしたがために、結局はそれを新たな形而上学的原理ともいえるようなものにしてしまったことは、すでに再三指摘した通りである。そして、そうした西田のもつ限界を乗り越えようとして、田辺、和辻、九鬼、三木らは新たな「無」の哲学を打ち立てていったわけである。

しかし、だとするならば、ここに大きな疑問が生じることになる。それは、西田を克服しようとした結果、彼らの哲学が西田のめざした「生きた力」までをも失ったものになってしまったのではないだろうかという疑問である。

西田の「無」の形而上学的性格を、最も徹底して克服しようとした三木の場合を考えてみよう。すでに述べたように、三木に至ると「無」はまぎれもなく「虚無」となる。三木はしばしば「虚無」について、あるいはそれにともなった「不安」や「闇」について語った。ただし、その内容は時代によって変化しており多義的である。『パスカルにおける人間の研究』では、無限大の宇宙に比した人間のあり方が「虚無」とされ、マクロとミクロの世界の間での帰属感のなさとしての「不安」が人間の本質とされた。また『唯物史観と現代の意識』では、人間の「基礎経験」としての秩序化されていないカオスが「不安」や「闇」とされた。さらに『歴史哲学』では、絶えず既存の歴史を破壊し、新たな歴史を作り上げていく「事実としての歴史」が「無」とされた。そして最後の『構想力の論理』では、動物と異なって環境と乖離しているために、常に新たな「技術」を作っていかざるをえない人間のあり方が「虚無」とされた。

このように三木の説明はさまざまだが、しかし、その底に三木が常に感じていた彼自身の根本的な気分ともいえるようなものがあるのではなかろうか。それはすでに引用した

『人生論ノート』のなかの次の一節に最もよく表れているように思われる。

「どんな方法でもよい、自己を集中しようとすればするほど、私は自己が何かの上に浮いているように感じる。いったい何の上にであろうか。虚無の上にというのほかない。自己は虚無の中の一つの点である。」

もちろん、そうした「虚無」は単に人間を絶望へと陥れるものではなく、逆に「虚無からの形成」として新たなロゴスや歴史や形といったものの創造へと人間を駆り立てるものであった。しかし、それは明らかに西田のいうような意味での「生きた力」となって、人間に深い慰めや救いをもたらすようなものではない。

三木をよく知る唐木順三は、その著『三木清』のなかで彼の印象を次のように語っている。

「三木清は強がりをいい、ときに大言壮語するが、実は非常に孤独なひとだった。その孤独さには一種異様なものがあって、その孤独を理解することも、近づいて慰めることもできないような、そういうものであった。……すいっとどこか異国へいってしまうような感じ、あるいは対面していながらこちらもとりつくしまもなくなってしまうような感じである。」

こうした三木の「異様な」孤独感は、おそらく彼が抱えていた「虚無」がもたらしたものであろう。そしてそれは、「生きた力」の欠如といったものを感じさせないであろうか。事実、三木は師である西田のうちに、自分にはない強い生命力を感じ取っていたようである。

「西田先生には何かデカルトのいうエスプリ・ザニモオ(動物精気)のようなものが感じられる。そしてそれが先生のあのエネルギーの根源であるように思われるのである。……先生は恐らく喜怒愛憎の念が人一倍烈しい方のようである。否、そのような情念の底に更に深く、先生の心の奥には厚い厚い闇があるのではないかと思う。……先生の魂の底にはデモーニッシュなものがあり、それが先生を絶えず思索に駆り立てている力である。」(「西田先生のことども」)

三木にとって、西田は「エスプリ・ザニモオ(動物精気)のようなもの」「デモーニッシユなもの」をもった生命力みなぎる人物であった。三木はそれを西田の「心の奥」の「厚い厚い闇」に由来するものととらえているが、それが自分の説く「虚無」としての「闇」とはまったく異なったものであることは、彼自身気づいていたはずである。

このように見てくると、三木は西田の「無」を乗り越えようとして、西田の「哲学」がもっていた「生きた力」まで見失ってしまったのではなかろうか。だからこそ三木は、「虚無」の哲学の一方で、親鸞の信仰に慰めを求めたのかもしれない。

しかし考えてみれば、三木の抱いていた「虚無」感こそ、現代のわれわれが深く共有しているものではなかろうか。しかも、三木が一方で抱いていた親鸞の信仰といったものは、現代の多くの人々にとっては、もはや縁遠いものでしかない。そうした意味では、われわれは三木以上に深い「虚無」のなかにいるのかもしれない。だとするならば、現代のわれわれに求められているものは、いかなる形而上学的原理をも持ち込むことなしに、真の意味での「無」の哲学に徹するなかに、「生きた力」をよびもどすことではないだろうか。

そう考えたとき、西田と三木との中間に位置する田辺や和辻や九鬼の「哲学」の意味が改めて問い直されてくるように思われる。彼らもある意味では、三木の「虚無」と同じような地点から出発しているといってもよい。しかし彼らの「哲学」の営みは、それを「生きた力」をもった「無」としてとらえ直していこうとするプロセスであったとはいえないであろうか。

さすがに田辺においては、まだ三木と同様な「虚無」はみられない。しかし、そうした田辺も、人生において何度か絶望の淵に立たされている。たとえば敗戦前後である。そのとき、「其極私は最早気根が尽き果てる思をなし、哲学の如き高い仕事は、天稟の卑い私のような者の為すべき所でない、という絶望に陥らざるを得なかった」(『懺悔道としての哲学』)と述べている。また、愛妻に先立たれた時には、「過度の疲労と落胆とに不眠を悩み、それに伴い手足のシビレ激しく、神経衰弱に苦しめられ」(唐木順三宛書簡)るという生命そのものの危機にまで至っている。そして、「悲しみの底の底まで味はんと心定めつ喪に籠りをり　心内に空しきうつろの限無さ　さびしさに声張りあげて名を呼ばふ」といった挽歌を詠んでいる。

しかし、そのつど田辺には自己を回生させる「生きた力」が働いている。敗戦のときには、絶望の果てに「不思議」な力に出会う。

「然るに何という不思議であろうか。此絶体絶命の境地に落込んで自らを放棄した私の懺悔は、意外にも私を向け変え、……私は先ず飽くまで懺悔して素直に私自身を直視し、外一切に向う眼を内に転じて、自己の無力不自由を徹底的に見極めよう、これこそ今までの哲学に代る私の仕事ではないか、という新しき決意に達せしめたのである。」（『懺悔道としての哲学』）

また、妻の死のときには、「死せる妻は復活して常に小生の内に生きて居」るという、「愛に依って結ばれた人格の主体性に於て現れる霊的体験」（野上弥生子宛書簡）をすることになる。

和辻になると、三木的な「虚無」に非常に近いものがみてとれる。たとえば、和辻の若き日の文学作品をみると、夢かうつつか分からない世界で、自分とは一体何者なのかを問い続けながら、わが子を殺してしまうという話を描いた『夢のさめぎわ』や、不断の自己嫌悪に苦しむ主人公を描いた『ある遺書』など、自我解体の不安をテーマとしたものが多い。当時の和辻もまた、よる辺のない「虚無」にさらされていたといってもよかろう。

しかし、和辻は仏教研究を通して、「仏教でいっているような「絶対空」は破滅ではなくて救い」であることを学ぶ。そして単なる「虚無」ではなく、慰めの根源でもある「無」を考えるようになる。

「もしこの自己の絶対有が否定せられて「自己がどこにもない」という境地に出ること

ができれば、そこに危険はとり除かれ、自己がないことにおける自己の生の道が開かれる。自己が無に帰することは我れがもはや生きられないという絶望の深淵ではなくして、我れが絶対に生きるという希望の花園である。……無に対する恐怖は絶対有の立場から無を見たものにほかならない。」(『人格と人類性』)

和辻の倫理学が説く「空」の運動というものも、彼にとってはこうした「我れが絶対に生きるという希望の花園」を意味するものであったといえよう。

同様なことは、九鬼についてもいえそうである。九鬼はすでに述べたように、留学中に「寂しさ」というものをテーマにした恋の歌を数多く残している。九鬼によれば、「有的な「恋」の裏につねに無的な「寂」が基礎付けをしている」のだという。

しかし九鬼は、「寂しさ」の根底にある「無」を積極的な働きとしてとらえようとする。当時の詩に「負号量」という題のものがあるが、そこでは「影には影の幸がある、/日があたらないだけじゃない。/……正号負号は極と極/いずれ劣らぬ肯定だ。/……陰にほまれあれ。陽にほまれあれ。」と歌われている。

そうした考え方の成果の一つが、『「いき」の構造』であった。そこで九鬼は、「いき」の精神の根底に「無」の自覚としての「諦め」というものを考えているが、それは異性との別れを甘受するための慰めに満ちた力であると同時に、新たな男女関係へと向かわせる力であった。さらに『偶然性の問題』では、「無」の自覚は自己に与えられた「運命」を愛する働きとしても考えられている。

こうした田辺や和辻や九鬼の「哲学」の営みには、あからさまな形而上学的原理や既存の宗教への信仰などを前提とすることなしに、しかも人生の「生きた力」について考えていこうとする姿勢がみられるのではなかろうか。もちろん彼らも、「絶対無」、「絶対空」「絶対的全体性」、あるいは「偶然—必然者」としての「絶対者」といったような、独断的な形而上学的原理といわれてもしかたのないものを最後には持ちだしている。その点では、彼らも西田と同じ限界を一方ではもっていたといえるのであるが、しかし再三指摘したように、彼らの「哲学」はそうしたものを前提としなくても充分に成り立つはずのものであった。

現代のわれわれが既存の価値や原理によりかかることなしに、しかも「生きた力」を取り戻す道を探るとするならば、田辺や和辻や九鬼のこうした「哲学」の試みを受け継ぎ発展させていくほかはないのではなかろうか。あらゆる価値が急激に色あせ相対化していく時代にあって、こうした「無」の哲学は、生きる知恵を考える上でも大きな示唆を与えてくれるはずである。

あとがき

本書は私が最も刺激的と思う日本の近代の哲学者、西田、田辺、和辻、九鬼、三木の五人について、その哲学の概要を論じるとともに、「無」という概念を中心に彼ら相互の内的連関を明らかにし、彼らを貫く「哲学」の展開をとらえようとしたものである。また、それによって、日本の「哲学」とは何か、「無」の哲学にはどのような今日的意義があるのかを考えようとしたものでもある。

ここで取り上げた五人は、すべていわゆる京都学派に属する哲学者である（和辻についても、私は以前から京都学派の一員と位置づけている）。したがって、本書は日本の近代哲学における唯一の学派ともいえる京都学派とは何か、という問いに答えようとするものでもある。

本書は以前ちくま新書から出した『日本の「哲学」を読み解く――「無」の時代を生きぬくために』（二〇〇〇年）を基にしている。幸い旧著には少なからぬ反響を頂いたが、すでに絶版となっているため、この度増補改訂版を出す運びとなった。

旧著との最も大きな違いは、田辺元の章をまったく新たに書き足した点である。当初から田辺は入れたいという思いはあったが、その業績の多さ、幅の広さ、そして何よりもその難解さから断念せざるをえなかった。今回は二年ほどの時間を費やしてようやく実現することができた。最初、旧著の全体の流れのなかにうまく位置づくかという心配もあったが、やってみると予想以上に前後の哲学者たちとの脈絡を緊密につけることができた。旧著での私の主張がさらに補強された思いである。そして、改めて田辺こそは、西田哲学を継承し、それを批判することを通して、その後の日本の哲学の流れを作り出した重要な哲学者であったことを痛感させられた。

かつて京大に学んだ私の父は、田辺の講義も受けたことがあり、子供のころ父の部屋にあった田辺の哲学概論のノートをそっとめくってみた記憶が蘇ってくる。まさか後に自分が田辺について何か書こうとは思ってもみなかったことであり、不思議な縁を感じざるをえない。

旧著から早くも十数年の歳月が経ったが、この間近代の日本哲学の研究はめざましい発展をとげた。当時は西洋哲学の研究者がいわば余技として日本の哲学に触れるといったことが多かったが、現在では日本の哲学を専門に研究する優秀な若手も輩出するまでに至っている。

しかし、研究が専門化していくと当然ながら、全体を俯瞰して日本の哲学の特性とその問題点がどこにあるのかを考えるといった姿勢が弱くなっていくのも否めないように思われる。本書が貢献しうるとしたら、まさにそうした視点を提示したことにあるのではなかろうか。

私自身はといえば、西田と三木との間で、いまだに行きつ戻りつを繰り返している。それは実体的な形而上的原理を拒否し、「無」に徹した上で、なおそうした「無」を宗教的なものととらえるか、ニヒリズム的なものととらえるかの間だといいかえてもよい。ただし、同一平面上を右往左往していたわけではなく、らせん状に少しずつ上昇してきたとは思っている。田辺がいうように、哲学が無窮の営みであるとするならば、どこかに安住の地を見いだしたと思ったときは、哲学することをやめたときなのかもしれない。

今回の五人以外にも、さらに取り上げてみたい哲学者は多く存在する。ニヒリズムをさらに徹底させて考えた西谷啓治、「無」を根底においた多元的文化論・歴史論を展開した高山岩男（こうやま）、唯物論の立場から「絶対無」を解釈しようとした戸坂潤、戦後田辺とは異なった視点から西田の「無」の哲学を批判した山内得立（やまうちとくりゅう）などである。また京都学派ではないが、田辺と同様に西田の「無」の哲学を批判的に継承しながらも、田辺とはまったく逆の方向で哲学を構築した高橋里美など興味は尽きないが、紙面の都合もあり、すべて他日を期するしかない。

最後になってしまったが、筑摩書房の増田健史氏に深く感謝したい。氏の強い後押しがなければ本書は生まれなかったであろう。拙著の刊行にはいつも優れた編集者との出会いがあったが、それは今回も例外ではなかった。

田中久文

二〇一五年　正月

【ブックガイド】

(1) テクスト

†西田幾多郎

『西田幾多郎全集』(全一九巻) 岩波書店・一九六五―一九六六
『西田幾多郎全集』(全二四巻) 岩波書店・二〇〇二―二〇〇九
　＊新資料を含めた新編集による新版全集、人名・書名索引が貴重。
『西田哲学選集』(全七巻・別巻二) 燈影舎・一九九七―一九九八
　＊主な著作がテーマ別に収録されており、索引も有益。
『西田幾多郎』(日本の名著・第四七巻) 中央公論社・一九七〇
『西田幾多郎集』(近代日本思想大系・第一一巻) 筑摩書房・一九七四
『西田幾多郎哲学論集』(全三巻) 岩波文庫・一九八八―一九八九
　＊主要な論文が時代順に収録されている。
『西田幾多郎随筆集』岩波文庫・一九九六
　＊随筆、詩歌、日記、書簡が抄録されており、西田の人間像を知るのには便利である。

『西田幾多郎歌集』岩波文庫・二〇一四
『善の研究』岩波文庫・一九五〇
『善の研究』講談社学術文庫・二〇〇六
＊小坂国継氏による詳細な註解付き。

†田辺元

『田辺元全集』（全一五巻）筑摩書房・一九六三―一九六四
『田辺元哲学選』（全四巻）岩波文庫・二〇一〇
『田辺元集』（近代日本思想大系・第二三巻）筑摩書房・一九七五
＊藤田正勝氏による注と解説付き。
『田辺元・野上弥生子往復書簡』岩波書店・二〇〇二
『田辺元・唐木順三往復書簡』筑摩書房・二〇〇四
『哲学入門――哲学の根本問題』筑摩叢書・一九六六
『懺悔道としての哲学・死の哲学』（京都哲学撰書・第三巻）燈影舎・二〇〇〇
『歴史的現実』こぶし書房・二〇〇一
『哲学通論』岩波全書・二〇〇五

†和辻哲郎

『和辻哲郎全集』（全二〇巻）岩波書店・一九五七―一九七四（第二一―二四巻、別巻一・二追

加・一九八九―一九九二)

『和辻哲郎集』(近代日本思想大系・第二五巻)筑摩書房・一九七四

『和辻哲郎随筆集』岩波文庫・一九九五

＊随筆がテーマ別に収録されている。

『風土』岩波文庫・一九七九

『古寺巡礼』岩波文庫・一九七九

『埋もれた日本』新潮文庫・一九八〇

『鎖国――日本の悲劇』(全二巻)一九八二

『孔子』岩波文庫・一九八八

『イタリア古寺巡礼』岩波文庫・一九九一

『日本精神史研究』岩波文庫・一九九二

『自叙伝の試み』中公文庫・一九九二

『人間存在の倫理学』(京都哲学撰書・第八巻)燈影舎・二〇〇〇

『倫理学』(全四巻)岩波文庫・二〇〇七

『人間の学としての倫理学』岩波文庫・二〇〇七

『偶像再興・面とペルソナ　和辻哲郎感想集』講談社文芸文庫・二〇〇七

『日本倫理思想史』(全四巻)岩波文庫・二〇一一―二〇一二

『道元』河出文庫・二〇一一

『初版 古寺巡礼』ちくま学芸文庫・二〇一二

『桂離宮――様式の背後を探る』中公文庫・二〇一一

†九鬼周造

『九鬼周造全集』(全一一巻+別巻一) 岩波書店・一九八〇―一九八二
『九鬼周造随筆集』岩波文庫・一九九一
『九鬼周造エッセンス』こぶし書房・二〇〇一
『「いき」の構造』岩波文庫・一九七九
『「いき」の構造』講談社学術文庫・二〇〇三
＊藤田正勝氏による詳細な注と解説付き。『「いき」の構造』の註解書の決定版。
『偶然性の問題：文芸論』(京都哲学撰書・第五巻) 燈影舎・二〇〇〇
『偶然性の問題』岩波文庫・二〇一二

†三木清

『三木清全集』(全一九巻) 岩波書店・一九六六―一九六八 (第二〇巻追加・一九八六)
『三木清集』(近代日本思想大系・第二七巻) 筑摩書房・一九七五
『三木清エッセンス』こぶし書房・二〇〇〇
『哲学入門』岩波新書・一九四〇
『パスカル・親鸞』(京都哲学撰書・第二巻) 燈影舎・一九九九
『創造する構想力』(京都哲学撰書・第一八巻) 燈影舎・二〇〇一

(2) 参考文献——それぞれの哲学者を扱っている主な入門書、研究書

†西田幾多郎

鈴木亨『西田幾多郎の世界』勁草書房・一九七七
中村雄二郎『西田幾多郎』岩波書店・一九八三
　＊京都学派から離れた視点で、現代的関心に基づく広い視野から西田の魅力を引き出している。
同『西田哲学の脱構築』岩波書店・一九八七
末木剛博『西田幾多郎——その哲学体系』春秋社・一九八三—一九八八
　＊記号論理学を使っている部分は門外漢には理解しにくいが、全体として西田哲学の展開が明晰に分析されている。
上田閑照『西田幾多郎を読む』岩波書店・一九九一
　＊西田哲学の展開が分かりやすく説かれている。
同『経験と自覚——西田哲学の「場所」を求めて』岩波書店・一九九四
同『西田幾多郎——人間の生涯ということ』同時代ライブラリー・岩波書店・一九九五
同編『西田哲学への問い』岩波書店・一九九〇
同編『西田哲学——没後五十年記念論文集』創文社・一九九四
　＊多彩な執筆陣による本格的な西田研究。

小坂国継『西田哲学の研究――場所の論理の生成と構造』ミネルヴァ書房・一九九一
同『西田幾多郎――その思想と現代』Ｍｉｎｅｒｖａ21世紀ライブラリー17・ミネルヴァ書房・一九九五
＊前者は前期、後者は後期の西田哲学を扱ったもの。ともに西田哲学の内容を客観的実証的に分析した労作。西田研究の基準となるべきもの。
同『西田幾多郎の思想』講談社学術文庫・二〇〇二
＊ＮＨＫラジオ講座を基にした最もオーソドックスな入門書。
同『西田哲学の基層――宗教的自覚の論理』岩波現代文庫・二〇一一
＊西田哲学に関する論文集。
同編『西田幾多郎研究資料集成』（全九巻）クレス出版・二〇一二
＊西田に関する古典的な研究文献の集成。
高坂史朗『実践哲学の基礎――西田幾多郎の思索の中で』創元社・一九八三
大橋良介『西田哲学の世界――あるいは哲学の転回』筑摩書房・一九九五
同『西田幾多郎――本当の日本はこれからと存じます』ミネルヴァ書房・二〇一三
＊新たな視点からの西田の評伝。
大峯顕編『西田哲学を学ぶ人のために』世界思想社・一九九六
平山洋『西田哲学の再構築――その成立過程と比較思想』ミネルヴァ書房・一九九八
＊初期西田の研究。
新田義弘『現代の問いとしての西田哲学』岩波書店・一九九八

＊宗教論的な方向にかたよった西田論を批判し、現象学研究の最前線の視点から西田を論じている。

藤田正勝『現代思想としての西田幾多郎』講談社選書メチエ・一九九八

＊『善の研究』の「純粋経験」論を中心に、西田哲学をじっくりと読み解いている。

同『西田幾多郎――生きることと哲学』岩波書店・二〇〇八

＊能う限り平明に説かれたオーソドックスな西田入門書の決定版。

中岡成文『私と出会うための西田幾多郎』出窓社・一九九九

＊西田哲学を平易に解きほぐし、現代がかかえる諸問題との関連を探っている。西田哲学に初めて触れようとする人には最適。

永井均『西田幾多郎――「絶対無」とは何か』NHK出版・二〇〇六

＊『善の研究』を中心にしたユニークな西田論。

板橋勇仁『西田哲学の論理と方法――徹底的批評主義とは何か』法政大学出版局・二〇〇四

同『歴史的現実と西田哲学――徹底的論理主義とは何か』法政大学出版局・二〇〇八

＊両著とも新しい世代による西田の本格的な研究。

荒谷大輔『西田幾多郎――歴史の論理学』講談社・二〇〇八

＊西洋の現代哲学と西田哲学とを比較検討した気鋭の論考。

杉本耕一『西田哲学と歴史的世界――宗教の問いへ』京都大学学術出版会・二〇一三

＊西田哲学における歴史と宗教の問題を探求。

浅見洋『西田幾多郎――生命と宗教に深まりゆく思索』春風社・二〇〇九

同　『西田幾多郎とキリスト教の対話』朝文社・二〇〇九
　＊両著とも西田の宗教論集。
小林敏明『西田幾多郎の憂鬱』岩波現代文庫・二〇〇一
　＊斬新な手法による西田の画期的な評伝。
同　『西田哲学を開く――〈永遠の今〉をめぐって』岩波現代文庫・二〇一三
　＊西田の時間論を開かれた視野で問題にしたもの。
竹村牧男『西田幾多郎と仏教――禅と真宗の根底を究める』大東出版社・二〇〇二

†田辺元

家永三郎『田辺元の思想史的研究――戦争と哲学者』法政大学出版局・一九七四
氷見潔『田辺哲学研究――宗教哲学の観点から』一九九〇
　＊宗教哲学という観点からのものではあるが、いまだに色あせない唯一ともいえる田辺の本格的研究。
武内義範・辻村公一・武藤一雄編『田辺元　思想と回想』一九九一
大橋良介『京都学派と日本海軍――新史料「大島メモ」をめぐって』ＰＨＰ新書・二〇〇一
　＊京都学派と戦争との関わりを考える上での必読文献。
伊藤益『愛と死の哲学――田辺元』北樹出版・二〇〇五
嶺秀樹『西田哲学と田辺哲学の対決――場所の論理と弁証法』ミネルヴァ書房・二〇一二
　＊西田と田辺との関係を深く探究した労作。

細谷昌志『田辺哲学と京都学派――認識と生』昭和堂・二〇〇八

†和辻哲郎

湯浅泰雄『和辻哲郎』ミネルヴァ書房・一九八一
*和辻の入門書としては古典的な定版。
同編『人と思想　和辻哲郎』三一書房・一九七三
宇都宮芳明『人間の間と倫理』以文社・一九八〇
坂部恵『和辻哲郎』岩波書店・一九八六
*芸術論を中心に、現代的で斬新な視点から和辻の魅力を引き出している。
吉沢伝三郎『和辻哲郎の面目』筑摩書房・一九九四
苅部直『光の領国　和辻哲郎』創文社・一九九五
*同時代の思想状況との関連に入念な目配りがなされている。
佐藤康邦・清水正之・田中久文編『甦る和辻哲郎―人文科学の再生に向けて』ナカニシヤ出版・一九九九
*一面的な立場からの和辻批判に対して、和辻のもっていた多様な可能性を掘り起こし再評価しようとしたもの。
津田雅夫『和辻哲郎研究――解釈学・国民道徳・社会主義』青木書店・二〇〇一
*示唆に富む和辻批判。
市倉宏祐『和辻哲郎の視圏』春秋社・二〇〇五

*多様な観点からの滋味溢れる和辻論。
宮川敬之『和辻哲郎―人格から間柄へ』講談社・二〇〇八
熊野純彦『和辻哲郎――文人哲学者の軌跡』岩波新書・二〇〇九
*斬新な視点からの和辻論。
牧野英二『和辻哲郎の書き込みを見よ！――和辻倫理学の今日的意義』法政大学出版局・二〇〇九
*法政大学で管理している和辻哲郎の蔵書への書き込みの調査報告。多くの写真版を掲載。

†九鬼周造

坂部恵『不在の歌』TBSブリタニカ・一九九〇
*九鬼の現代的魅力をはじめて広く紹介した九鬼研究の先駆。
田中久文『九鬼周造――偶然と自然』ぺりかん社・一九九二
*生活史との関わりのなかで、九鬼哲学の展開の全貌を解き明かしたもの。
坂部恵・鷲田清一・藤田正勝『九鬼周造の世界』ミネルヴァ書房・二〇〇二
*多彩な執筆陣により、九鬼の多面性を解明。
小浜善信『九鬼周造の哲学――漂泊の魂』昭和堂・二〇〇六
*長年にわたる九鬼研究の集大成。
伊藤邦武『九鬼周造と輪廻のメタフィジックス』ぷねうま舎・二〇一四
*時間論に焦点を当てた独創的な九鬼論。

宮野真生子『なぜ、私たちは恋をして生きるのか――「出会い」と「恋愛」の近代日本精神史』ナカニシヤ出版・二〇一四
＊恋愛論としての『「いき」の構造』論。

†三木清

唐木順三『三木清』筑摩叢書七三・一九六六
＊個人的にも三木と親しかった著者が、三木の人間性と哲学を深くとらえた三木研究の古典。

宮川透『三木清』UP選書・東京大学出版会・一九七〇
＊三木の哲学と時代状況を概観するには最適の入門書。

荒川幾男『三木清――哲学と時務の間』紀伊國屋書店・一九八一

赤松常弘『三木清――哲学的思索の軌跡』ミネルヴァ書房・一九九四
＊三木の哲学を時代状況から一応切り離し、その展開を内在的に読み解いていこうとした労作。

津田雅夫『人為と自然――三木清の思想史的研究』文理閣・二〇〇七

清眞人・平子友長『遺産としての三木清』同時代社・二〇〇八
＊三木を多面的に解読した貴重な論集。

【関連年譜】

	西田幾多郎	田辺　元	和辻哲郎	九鬼周造	三木　清	政治／社会／その他
一八七〇（明3）	石川県河北郡宇ノ気村に生まれる					
一八八五（明18）		東京府神田区猿楽町に生まれる				
一八八六（明19）	石川県専門学校付属初等中学科に入学（一八八七年、第四高等中学校と改称）					帝国大学令公布 中学校令公布
一八八八（明21）				東京市芝区芝公園に生まれる		『日本人』創刊
一八八九（明22）			兵庫県仁豊野に生まれる			大日本帝国憲法発布
一八九〇（明23）	第四高等中学校を退学					教育勅語発布 第一回帝国議会開会
一八九一（明24）	帝国大学文科大学哲学科選					

	科に入学					
一八九四(明27)	帝国大学を卒業			東京高等師範学校付属小学校に入学		日清戦争始まる
一八九五(明28)	石川県尋常中学校七尾分校の教諭となる 結婚			砥堀尋常小学校に入学		三国干渉
一八九六(明29)	第四高等学校講師となる	東京府城北尋常中学校に入学				
一八九七(明30)	山口高等学校教務嘱託となる				兵庫県揖保郡平井村に生まれる	京都帝国大学設置される
一八九九(明32)	第四高等学校教授となる					
一九〇〇(明33)				東京高等師範学校付属中学校に入学		
一九〇一(明34)		第一高等学校に入学	兵庫県立姫路中学校に入学			
一九〇三(明36)					平井尋常小学校に入学	
一九〇四(明37)		東京帝国大学理科大学数学科に入学				日露戦争始まる
一九〇五(明38)		東京帝国大学		第一高等学校		日比谷焼き打ち

年						事件
		文科大学哲学科に転科		に入学		
一九〇六（明39）			第一高等学校に入学	落第		京都帝国大学文科大学開校
一九〇八（明41）		東京帝大を卒業				
一九〇九（明42）	学習院大学科教授となる		東京帝国大学文科大学哲学科に入学	東京帝国大学文科大学哲学科に入学	兵庫県立竜野中学校に入学	
一九一〇（明43）	京都帝国大学文科大学助教授となる					日韓併合
一九一一（明44）	『善の研究』					中国辛亥革命 『青鞜』創刊
一九一二（明45）			東京帝大を卒業 高瀬照と結婚	東京帝大を卒業		
一九一三（大2）		東北帝国大学理科大学講師に就任	『ニイチェ研究』			
一九一四（大3）					第一高等学校に入学	第一次世界大戦始まる
一九一五（大4）		『最近の自然科学』	『ゼエレン・キェルケゴオル』			
一九一六（大5）		芦野ちよと結婚				

一九一七（大6）	『自覚における直観と反省』				京都帝国大学文科大学哲学科に入学	
一九一八（大7）		『科学概論』	『偶像再興』	九鬼縫子と結婚		
一九一九（大8）		京都帝国大学文学部助教授となる	『古寺巡礼』			帝国大学令 ヴェルサイユ条約
一九二〇（大9）			『日本古代文化』 東洋大学教授となる		京都帝国大学を卒業	
一九二一（大10）				西欧留学		
一九二二（大11）		西欧留学	法政大学教授となる		西欧留学	
一九二三（大12）		帰国				関東大震災
一九二四（大13）		「カントの目的論」				
一九二五（大14）	妻寿美死亡	『数理哲学研究』	京都帝国大学文学部講師となる		帰国	治安維持法公布
一九二六（大15）	「場所」		『日本精神史研究』	「「いき」の本質」	第三高等学校講師となる 『パスカルにおける人間の研究』	日本共産党再建（福本和夫が理論的指導者に）
一九二七（昭2）	『働くものか		『原始仏教の	ハイデッガー	法政大学教授	

	ら見るものへ』		実践哲学』西欧留学	と出会う	となる	
一九二八（昭3）	京都帝国大学を退官		帰国	ポンティニー講演	『唯物史観と現代の意識』	
一九二九（昭4）				西欧留学より帰国 京都帝国大学文学部講師となる	東畑喜美子と結婚	世界大恐慌
一九三〇（昭5）	『一般者の自覚的体系』			『「いき」の構造』	豊多摩刑務所に拘留 法政大学を辞職	
一九三一（昭6）	山田琴と再婚			「日本詩の押韻」		満州事変
一九三二（昭7）	『無の自覚的限定』	『ヘーゲル哲学と弁証法』			『歴史哲学』	五・一五事件 満州国建国
一九三三（昭8）	『哲学の根本問題』	『哲学通論』			「不安の思想とその超克」	国際連盟から脱退
一九三四（昭9）	『哲学の根本問題・続編』	「社会存在の論理」（上・中）	東京帝国大学文学部教授となる 『人間の学としての倫理学』			
一九三五（昭10）	『哲学論文集第一』 教学刷新評議	「社会存在の論理」（下）	『風土』	『偶然性の問題』		『日本浪漫派』創刊

一九三六(昭11)	会に出席				妻喜美子死去	二・二六事件
一九三七(昭12)	『哲学論文集第二』	「種の論理の意味を明にす」	『倫理学(上巻)』	「日本的性格」	「構想力の論理」連載開始	第一次近衛内閣成立・日中戦争開始
一九三九(昭14)	『哲学論文集第三』	『正法眼蔵の哲学私観』「国家的存在の論理」			『構想力の論理第一』小林いと子と再婚	
一九四〇(昭15)	『日本文化の問題』文化勲章受章			「文学の形而上学」	『哲学入門』	第二次近衛内閣成立・日独伊三国同盟調印
一九四一(昭16)	『哲学論文集第四』宮中で御進講			死去(享年五三歳)『文芸論』	『人生論ノート』	東条内閣成立 対米英宣戦布告
一九四二(昭17)			『倫理学(中巻)』		『技術哲学』	シンポジウム「近代の超克」
一九四三(昭18)			『尊皇思想とその伝統』			日独共同声明 学徒出陣
一九四四(昭19)	『哲学論文集第五』				妻いと子死去	
一九四五(昭20)	死去(享年七五歳)『哲学論文集第六』	京都帝大を退官 北軽井沢に転居			豊多摩刑務所で獄死(享年四八歳)	ポツダム宣言受諾
一九四六(昭21)	『哲学論文集第七』	『懺悔道としての哲学』			遺稿『親鸞』発表	天皇の人間宣言 日本国憲法発布

一九四七(昭22)	「種の論理の弁証法」			『構想力の論理第二』	
一九四八(昭23)	『キリスト教の弁証』				
一九四九(昭24)	『哲学入門——哲学の根本問題』	東大を退官 『倫理学(下巻)』			
一九五〇(昭25)	文化勲章受章	『鎖国』			朝鮮戦争勃発
一九五一(昭26)	妻ちよ死去 『ヴァレリイの芸術哲学』				
一九五二(昭27)		『日本倫理思想史』			
一九五四(昭29)	『数理の歴史主義展開』				
一九五五(昭30)	『理論物理学新方法論提説』 『相対性理論の弁証法』	『歌舞伎と操浄瑠璃』 『桂離宮』 文化勲章受章			
一九五八(昭33)	「メメントモリ」				
一九六〇(昭35)		死去(享年七一歳)			安保阻止国会デモ

年				
一九六一（昭36）		『マラルメ覚書』		
一九六二（昭37）		死去（享年七七歳）「生の存在学か死の弁証法か」		

本書は、二〇〇〇年一一月二〇日にちくま新書として刊行された『日本の「哲学」を読み解く――「無」の時代を生きぬくために』に、「第二章　田辺元」を増補し、改題したものである。

流言蜚語　清水幾太郎

危機や災害と切り離せない流言蜚語はどのような機能と構造を備えているのだろうか。つかみにくい実態を鮮やかに捌いた歴史的名著。（松原隆一郎）

現代思想の冒険　竹田青嗣

「裸の王様」を見破る力、これこそが本当の思想だ！　この観点から現代思想の流れを大胆に整理し、明快に解読したスリリングな入門書。

自分を知るための 哲学入門　竹田青嗣

哲学とはよく生きるためのアートなのだ！　その読みどころを極めて親切に、とても大胆に元気に考えた、斬新な入門書。哲学がはじめてわかる！

恋愛論　竹田青嗣

誰もが一度はあらがいがたく心を奪われる〈恋愛〉。人生の本質をなす、この不思議な力に迫り、人間の実存に新たな光を与えた名著。（菅野仁）

眼の隠喩　多木浩二

「世界は見るべき謎ではなく、見られるべくつくられている」。思想・写真・美術・建築などの幅広い分野に足跡を残す著者の代表作。（内田隆三）

論理学入門　丹治信春

大学で定番の教科書として愛用されてきた名著がついに文庫化！　完全に自力でマスターできる「タブロー」を用いた学習法で、思考と議論の技を鍛える！

論理的思考のレッスン　内井惣七

どうすれば正しく推論し、議論に勝てるのか。なぜ、どこで推理を誤るのか？　推理のプロから15のレッスンを通して学ぶ、思考の整理法と論理学の基礎。

時間論　中島義道

「過ぎ去ったもの」と捉えられて初めて、〈現在〉は成立している。無意識的な現在中心主義に疑義を唱える新しい時間論。オリジナル書下ろし！

先哲の学問　内藤湖南

途轍もなく凄い日本の学者たち！　江戸期に画期的な研究を成した富永仲基、新井白石、山崎闇斎ら10人の独創性と先見性に迫る。（水田紀久・佐藤正英）

思考の用語辞典　中山元

今日を生きる思考を鍛えるための用語集。時代の変遷とともに永い眠りから覚め、新しい意味をになって冒険の旅に出る哲学概念一〇〇の物語。

翔太と猫のインサイトの夏休み　永井均

「私」が存在することの奇跡性など哲学の諸問題を、自分の頭で考え抜くよう誘う。予備知識不要の「子ども」のための哲学入門。（中島義道）

倫理とは何か　永井均

「道徳的に善く生きる」ことを無条件には勧めず、道徳的な善悪そのものを哲学の問いとして考究する、不道徳な倫理学の教科書。（大澤真幸）

哲学的思考　西研

フッサール現象学を徹底的に読みなおし、その核心である〈実存的世界〉と〈客観的世界〉とのつながりを解明。考えあうことの希望を提起。（渡邊二郎）

現象学と解釈学　新田義弘

知の絶対化を伴う現象学と知の相対化を伴う解釈学が出合ったとき何が起きたか。現象学と解釈学の邂逅と離別の知的刺激に満ちた深層分析の書。（谷徹）

ウィトゲンシュタイン
『論理哲学論考』を読む　野矢茂樹

二〇世紀哲学を決定づけた『論考』を、きっちりと理解しその生き生きとした声を聞く。真に読みたい人のための傑作読本。増補決定版。

ソフィストとは誰か?　納富信留

ソフィストは本当に詭弁家にすぎないか? 哲学成立とともに忘却された彼らの本質を精緻な文献読解により喝破し、哲学の意味を問い直す。（鷲田清一）

入門 近代日本思想史　濵田恂子

文明開化以来、日本は西洋と対峙しつつ独自の哲学思想をいかに育んできたのか。明治から二十世紀末まで、百三十年にわたる日本人の思索の歩みを辿る。

忠誠と反逆　丸山眞男

開国と国家建設の激動期における、自我と帰属集団への忠誠との相剋を描く表題作ほか、幕末・維新期をめぐる諸論考を集成。（川崎修）

ちくま学芸文庫

日本の哲学をよむ　「無」の思想の系譜

二〇一五年三月十日　第一刷発行

著者　田中久文（たなか・きゅうぶん）

発行者　熊沢敏之

発行所　株式会社　筑摩書房
東京都台東区蔵前二—五—三　〒一一一—八七五五
振替〇〇一六〇—八—四一二三

装幀者　安野光雅

印刷所　株式会社精興社

製本所　株式会社積信堂

乱丁・落丁本の場合は、左記宛にご送付下さい。
送料小社負担でお取り替えいたします。
ご注文・お問い合わせも左記へお願いします。
筑摩書房サービスセンター
埼玉県さいたま市北区櫛引町二—六〇四　〒三三一—八五〇七
電話番号　〇四八—六五一—〇〇五三

ISBN978-4-480-09664-7 C0110